日本語研究叢書

日本語の引用

鎌田 修

【著】

ひつじ書房

康志と麻里と Jeffery に

CONTENTS 目次

日本語の引用

序章　伝達のからくりと引用研究 1
　1. 本書のねらい：伝達のからくり 1
　2. 引用研究への取り組み：基本的な立場 6
　　2.1. 伝達と引用 6
　　2.2. 引用表現の捉え方 7
　　2.3. 分析の方法 8
　3. 本書の仕組み 9

第1章　引用，話法，「と」及び引用動詞 13
　はじめに 13
　1. 引用と話法 14
　2. 引用を導く助詞「と」について 21
　　2.1.「と」の現れる言語環境の構造記述 23
　　2.2.「と」の構文的扱い 29
　　　2.2.1. 奥津（1974）などの立場 29
　　　2.2.2. 柴谷（1978）の立場 31
　　　2.2.3. 藤田（1986など）の立場 32
　　　2.2.4. 藤田（1986など）の問題点 36
　3. 引用動詞について 41

第2章　引用句創造説と直接引用 51

1. 引用句創造説 52
2. 直接引用句 63
   - 2.1　直接引用句の形態 64
     - 2.1.1　新たな「発話」を成立させるもの 64
   - 2.2　直接引用句の生成 68
     - 2.2.1　効果的な場作り：劇的効果をもたらす表現手法 69
     - 2.2.2　パターンを利用した引用句作り 74
     - 2.2.3　その他 78
3. まとめ 81

第3章　間接引用 85

1. 間接引用 87
   - 1.1　定義 87
     - 1.1.1　先行研究 87
     - 1.1.2　定義 92
   - 1.2　間接引用 97
     - 1.2.1　間接化がもっとも進んだ引用 97
     - 1.2.2　引用助詞「と」を伴わない引用句を持つ間接引用 98
     - 1.2.3　引用助詞「と」に導かれる引用句を伴う間接引用 105

第4章　準間接引用：引用とモダリティ 117

1. モダリティと主格選択：仁田の研究 119
   - 1.1　仁田（1985, 1989, 1991）のモダリティ分析 119
2. 引用句における主格の選択と準間接引用 122
   - 2.1　「表出のモダリティ：感情・知覚表現」と準間接引用 122
     - 2.1.1　独立文における表出のモダリティと主格選択 122

2.2 「感情・知覚表現と主格選択」の制約が緩む言語環境 124
2.3 感情・知覚表現の主格選択と引用 129
2.4 「述べ立て」のモダリティ：「現象描写文」と準間接引用 136
2.5 「働きかけ」のモダリティ：「命令」「誘いかけ」と準間接引用 140
2.6 その他のモダリティと準間接引用 145
 2.6.1 様態の「〜ようだ」「〜そうだ」など 146
3. まとめ：「準間接引用」の位置づけ 149

第5章　準直接引用，直接引用（再考）と衣掛けのモダリティ 157

1. 準直接引用 157

第6章　マクロ的分析とまとめ　引用句総観 165

1. 情報領域と引用 165
2 まとめ：引用句総観 172

参考文献 177
索引 185
あとがき 195

序　章

伝達のからくり
と
引用研究

1. 本書のねらい：伝達のからくり

　我々の言語活動は伝達という行為を源に成り立っていると言っても言い過ぎではなかろう。ある話者が述べたことをそれを聞いた人が，それを自分なりに解釈し，それを誰かに伝えるという行為であるが，そのような活動を通し我々は日常の生活を成立させている。例えば，本書に絶大なる関心を抱いてくださった方がその読後感を誰かに伝えるとしよう。そして，それを聞いた別の方が実際に本書を読みたくなり，近くの書店に注文するとする(ぜひそうあってほしいのだが)。しかし，本書は専門書であり，一般の書店には置かれていないため，その書店と出版元のひつじ書房との間に何らかのやりとりが必要となってくる。最初に本書を読んだ方はその気持ちを何らかの方法で表現する。そして，それを聞いて実際に本書を手にしたくなった方は近くの書店に行き，友人に触発されて本書をすぐにでも読みたくなったというような説明を加えて注文するかもしれない。できるだけ早く本書を入荷させたい

その書店はひつじ書房に至急送ってほしいという催促状を出すかもしれない。このようなことはあまり現実的ではないにしても、我々の生活がこのような言語的やりとりで満たされているという事を疑うものはいないであろう。

　しかし、このような伝達という行為がどのように言語化されるかということはそれほどよく分かってはいない。伝達には元の発話を文字通り伝える方法と伝達の場に合わせた方法、いわゆる、我々が中学、高校時代に学習した英語の直接話法と間接話法という区別に相当するものがあると言われる。しかし、前者の「文字通り伝える」直接話法という言語表現がいかに文字通り伝えられない、あるいは伝えないものであるのか、ということに我々は意外と気づいていない。実際、我々が日常おびただしい量で生産している伝達に関わる表現を注意深く観察すると、いわゆる直接話法という表現が元の発話を文字通りに伝達していない(あるいは伝達しない)だけでなく、また、元の発話に類似させることもなく、むしろ、新たな表現を伝達の場にふさわしい形で創造する直接引用を行っていることが分かる。

　次の例は、筆者が実際に経験した伝達行為であり、伝達表現がいかに元々の発話とはかけ離れた、むしろ、伝達の場に暗に期待されている表現でなされるかを如実に物語る事例である。ちなみに、筆者は京都に居住し、ある日講演のため東京へ出かけ、その日のうちに帰宅することになっていた。

(1) 筆者が東京の某書店において講演を行った後、その書店の事務員から受け取ったメモをそのまま転記
　　　鎌田先生、奥様よりご伝言：
　　　　「ただいま大阪の梅田にいます。約束通りの場所で待っています」
　　　とのことでした。　　　　　　　　　15:14 p.m.　○○受

しかし、筆者の妻がこのメモを書いた当書店の○○氏に告げたことは次のよ

うな発話であった。

（２）　「今，大阪の梅田から電話をしています。予定していたところに行
　　　　きます。だから，そのように伝えておいてください。」

(1)は〇〇氏から受け取ったメモをそのまま転記したもの。(2)は筆者が帰宅後，この件について妻に尋ね，彼女の記憶をたどってできるだけ忠実な表現に「再現」したものである。筆者は妻とは待ち合わせの約束は一切行っておらず，どうして(1)のような伝言を受けたのか不安になり，妻が見舞いのため訪ねていった大阪の某病院へ電話をしたところ，偶然その場に妻がいなかったため次のような伝言をお願いすることになった。

（３）　筆者が妻の行き先である大阪の某病院の看護婦さんに述べた発話
　　　　　「家内にまだしばらく東京の書店にいるので電話してほしいと伝え
　　　　　てください。」

しかし，この看護婦さんが妻に残した伝言のメモは次の通りである。

（４）　筆者が伝言をお願いした看護婦さんが妻に残した伝言メモを転記
　　　　　「主人(さん)から tel あり，しばらく東京の本屋にまだ居ますので tel
　　　　　くださいとのこと」　　　　　　　　　　　　　　　（16:20）

　どうしてこのようになるのであろうか。たしかに，我々の伝達行為には「聞き違い」というものはつきものである。また，それを楽しむ伝言ゲームという遊びが存在することも事実である。しかし，これらの事例を注意深く観察すると決して「聞き違い」では済まされない言語事実が潜んでいることに気づく。敢えていえば「聞き違い」を是認するとでもいうべき言語的コン

テクストが存在することに気づく。

　まず(1)と(2)の違いであるが，妻の述べた「…予定していたところへ行きます」を○○氏が「約束のところで待っています」とメモにした点は，このような状況においては誰しもそのように解釈し，また，そのように伝えてしまうという可能性を十分に含んでいるのである。そもそも妻のいた大阪から東京で講演を行っている筆者のところに電話があるということは，筆者と妻の間で交わされていた予めの情報を持たないで電話を突然受けた者なら，また，「大阪の梅田」という繁華街の名前が出れば，当然，誰しも「待ち合わせ」の伝言であると考えるであろう。それが「スキーマ(schema)」というものである。したがって，○○氏はたまたまそのようなスキーマに従っただけだという推論は決して無理なものではない。つまり，(1)の発話に見られる直接話法表現は東京の某書店で筆者が講演を行っているとき，事情を知らない○○氏が電話を受けた，という言語コンテクストに基づいて生まれたものであり，けっして，妻が発信した(2)の発話を忠実に伝えようとしたものではないということである。

　次に筆者が妻に宛てた伝言(3)とそれを受けた大阪の某病院の看護婦さんが書き残したメモ(4)であるが，ここには幸い「聞き違い」は生じていない。しかし，興味深いことに(3)において「…電話してほしいと伝えてください」という，いわゆる，「間接話法表現」が(4)においては「…本屋にまだ居ますので tel くださいとのこと」というように「直接話法表現」に変っていることである。

　　（3）　「家内にまだしばらく東京の書店にいるので電話してほしいと伝えてください。」

↓

＜間接話法表現から直接話法表現へ＞

↓

（4）　「主人さんから tel あり，しばらく東京の本屋にまだ居ますので tel
　　　　ください とのこと」

間接話法とは何か，直接話法とは何かということは後ほど詳しく論じるが，(3)から(4)へのプロセスが一般に広く，かつ堅く信じられている「直接話法から間接話法を導きだすことはできるが，その逆は不可である」という考えとは全く逆のプロセスを取っていることは注目に値する。つまり，「間接話法」から「直接話法」が作られているのである。筆者自身，妻に(4)のような丁寧で，よそよそしい表現（「居ますのでtelください」）は使わないにもかかわらず，この看護婦さんはそのように伝達しているのである。もちろん，(4)は次のようであってもかまわない。

（4'）　「主人さんから tel あり，まだしばらく東京の書店にいるので電話し
　　　　てほしい とのこと」

しかし，これではこれを受け取る妻に「失礼」あるいは「冷たく」受け取られるという判断が働き，おそらく，それを避けるために「…居ますのでtelください」という「直接話法表現」が選ばれたと考えられる。まさしく，これも元の発話を基盤にするのではなく，伝達を行う病院というコンテクスト，さらに，伝言が筆者の妻へのものであるという「スキーマ」にそってこのような丁寧なメモが書き残されたと解釈できる。つまり，(4')のような表現は文法的（grammatical）ではあってもこのコンテクストには不適切である（unacceptable）という談話上のルールが働いていることが分かる。

　ここでのほんのわずかのデータ分析からでさえ明らかなことは，我々の言語活動の源である伝達という行為はそのためにいかなる表現がとられようと，それは元々のメッセージが発された場ではなく，それが伝えられる新た

な伝達の場(コンテクスト)を基盤にして行われるということである。間接話法という，いわゆる，新たな伝達の場を優先する伝達表現はいうまでもなく，一般に元々のメッセージに忠実であるべきとされる直接話法でさえ新たな伝達の場を優先して生成されるのである。いや，むしろ，間接話法であれ直接話法であれ，我々はすべて新たな伝達の場のスキーマにそって，それに適切な伝達表現を創造すると考えられる。本書の最大のねらいは，まさしく，このような伝達のからくりを解明することである。

　ここで取り上げたような伝達のからくりは何も日本語に限られたものではなく，おそらく汎言語的な現象であろうという推測は容易につく。実際，筆者は長らく米国に居住し，英語での生活を経験してきたが，英語の習得において困難なもののひとつはまさしく伝達表現であると確信している。本書で展開する引用研究のきっかけも米国での留学生活，教員生活がもとであり，ここでも折に触れて英語の例にあたることになる。現在筆者は日本語教育と深く関わっているが，日本語学習者，とりわけ，上級レベルの学習者はどのように日本語の伝達表現を理解し，また，生成しているのかという観点が取られるのもそのような理由による。

2. 引用研究への取り組み：基本的な立場

2.1 伝達と引用

　伝達という行為を大きく捉えるとそこにはある場面において発せられる発話を理解するというステップと，それを別の場面において誰かに伝えるという2つのステップが存在する。人がある場面との関わりからどのように発話を理解するのかを問うのが前者に関わる研究で，一方，ある場面においてどのように発話を行うのかを問うのが後者である。前者は，最近とみに注目を浴びている認知言語学(cognitive linguistics)，関連性理論 (relevance theory) あたりの分野と言えよう。そして，後者は語用論(pragmatics)，談話分析

(discourse analysis），社会言語学(sociolinguistics)の分野と言えよう。伝達の「理解」面に関する研究は後者の発話「生成」面の研究に比べてそれほど判明してはいず，それを本書で中心的課題として扱うことはできない。ここでは，むしろ，後者，つまり，人はどのように日本語という言語を媒介にして伝達という行為を行うのかを問う。したがって，ある人が発した，あるいは発する，発話(それは思考動詞「思う」などに導かれる心内の発話もあれば，実際に声に出す心外の発話も含む)をそれなりに理解し，それをどう伝達するか，ということが本書の課題である。ただ，「伝達」という用語にはある人が発した発話のみならず，話者自身のおのずからの感情・意志・思考内容を伝えるという意味も含まれるので，この点をはっきりさせるため，以後「引用」という用語を用いる。したがって，本書のタイトル『日本語の引用』が意味するところはここでいう「（日本語の)伝達のからくり」の解明を意図したものと同等である。

2．2 引用表現の捉え方

一般に，引用という言語行為の結果生産され，そして，それを含みこむ(あるいは，「埋め込む」)地の文と何らかの形で境界線を持つ表現は「引用句」とか「引用節」と呼ばれる。本書ではそれらを「引用句」と呼び，引用句を含む文全体を「引用表現」と呼ぶ。また，2．1で述べたように「ある発話を誰かに伝える言語行為」を示すには「伝達」より「引用」という用語のほうがふさわしく，それゆえ，前節で述べた「直接話法であれ間接話法であれ，我々はすべて新たな伝達の場のスキーマにそって，それに適切な伝達表現を創造する」(p.5)という考えは，同じく，「直接話法であれ間接話法[1]であれ，我々はすべて新たな引用の場のスキーマにそって，それに適切な引用表現を創造する」というように置き換えることができる。この考えは，実際，本書に一貫して流れるものであり，次にあげる「仮説：引用句創造説」として終始検証を行っていくものである。

仮説：引用句創造説
　　日本語の引用表現は，元々のメッセージを新たな場においてどのように表現したいかという伝達者の表現意図に応じて決まる。

この仮説については第2章で詳述するが，どのような引用表現であれ新たな場(コンテクスト)への適合が要求されるという帰結がここには含まれていることを強調したい。つまり，誰が誰に述べた(述べる)ことを新たな場で誰が誰にどのように伝えるのか，ということは引用という言語行為に関わる人間関係とその場の有様，そして，それに最もふさわしい言語形態を選ぼうとする伝達者の意図に応じて決まる，ということである。そして，引用研究においても最も大切なのはこのような言語環境(引用表現とそれを取り巻くコンテクスト)の記述と分析であると言えよう。

2.3　分析の方法

　いかなる言語表現もそれを取り巻くコンテクストから分離しては存在しない。とりわけ，引用という言語行為はコンテクストとの関係が密であることはこれまで何度も述べてきたし，それがまた引用研究の面白みでもある。つまり，引用研究は引用表現とそれを取り巻く言語コンテクストを常にその対象とすることになり，そのためにはできるだけ自然な言語環境に包まれた自然な発話をデータとすることが望まれる。本書において多くのデータがラジオやテレビのトークショーや実際の会話などから取られているのはまさしくその理由である。しかし，その一方，言語の深層に触れる分析を行うためには自然発話のみをデータにすることには限界があることも事実である。母語話者の言語直感(intuition)には，正しい，あるいは適切な表現とそうではない表現とを区別する能力が備わっているという生成文法の根本的な考えを引き

合いに出すまでもなく,自然発話データのみでは我々の言語直感を記述することはできない。本書において,とりわけ,構文論的分析を深めるためにはどうしても作例に頼らざるを得ないのは,そのためである。しかし,可能なかぎり自然発話にデータを求める努力は怠らないように努める。引用研究を談話分析の枠組みで捉える以上,それは大切な条件のひとつだと思うからである。

3. 本書の仕組み

　本書は序章を除いて6つの章からなる。そして,それらは大きく分けて次の4つの部分からなる。

1) 引用句そのものを取り巻く環境の構文論的分析
2) 引用句創造説に基づく直接引用と間接引用,さらにそれらの間に存在する準直接引用と準間接引用の記述,分析
3) 引用とモダリティの関係
4) 引用のマクロ的分析

　まず,最初の「引用句そのものを取り巻く環境の構文論的分析」は第1章で行う。たいてい無意識のうちに区別なく使われてしまう「引用」という用語と「話法」という用語の違いを最初に取り上げ,それから,日本語の引用には欠かせない助詞「と」の位置づけをこの30年ほどの先行研究をたどりつつ検討していく。そして,次に引用句の内容と引用動詞との関係を語用論的観点から考察する。
　2)の課題は第2章と第3章で行う。すでに本序章で垣間見た引用句創造説を第2章で詳論し,直接引用といえどそれは新たな伝達の場に則した新たな引用表現の創造であることを見る。しかし,創造の産物であるからといっ

て，まったく，恣意的に引用表現が作られるのではなく，そこにも何らかの原則があることを確認する。前にも述べたが，直接引用表現は元々の発話にできるだけ忠実に再現するというのが通説である。したがって，日本語学習者にも特別の日本語学的支援が行われているわけではなく，彼等自身，単に元々の発話を再現するよう努力するか，あるいは，直接引用というものが実はそのようなものではないということに気づくと，自らの手でそのルールを探り出さなければならないのが現状である。そのような状態において，引用句創造説に表された引用表現の取り扱いは極めて斬新なものであると思われる。

　引用句創造説は直接引用であれ，間接引用であれ全ては引用の場にふさわしい形態で創造されるとする仮説であるが，さらに直接引用と間接引用を結ぶ線上にはより直接的か，より間接的かで決定される節々があり，伝達者は引用を取り巻く言語コンテクストと自分自身の表現意図に応じてそこにふさわしい表現を選ぶという考えでもある。直接引用とは新たな伝達の場に元々の場をできるだけ吸収させない努力をし，かつ，そこにできるだけ新たな発話らしい発話[2]を盛り込もうとする言語行為であると考えられる。前者は視点調整を行わない＜視点調整（－）の原理＞と呼ぶことができ，後者は新たな発話生成を行おうとする＜発話生成（＋）の原理＞と呼ぶ。一方，間接引用はそれとは逆の方向を取るもので，できるだけ視点調整を行おうとする＜視点調整（＋）の原理＞とできるだけ発話生成を行わないようにする＜発話生成（－）の原理＞からなると定義づけられる。第3章ではこのような観点から間接引用を観察し，引用助詞「と」を伴わない極めて間接的な引用表現から，「と」を伴い，また，そこに発話性を有し，直接引用により近づく間接引用表現まであることを見る。

　3）の「引用とモダリティの関係」は第4章で扱う。モダリティとはある命題に対する発話時点における話者自身の態度であり，発せられる発話にそれがその話者自身のものであるという印を付けるようなものだとも言い換えら

れる。一方，引用という言語行為は元々の発話を新たな伝達の場に取り込む行為であり，モダリティによって元々の発話の場に密着させられた発話そのものを新たな伝達の場へと剥がし取っていく行為であるとも言える。モダリティには文全体をすっぽり覆い，文のすべての要素に渡ってその話者の解釈しか許容しないものから，話者の命題に対する態度をそれほど強くは表示せず，それゆえ，容易に他への移行を許すものまで様々なものがある。とりわけ視点表現（ダイクシス）などの解釈は如実にこれらの関係をあらわし，あるモダリティに導かれたダイクシスは元々の話者の視点からの解釈しか許さなかったり，また，別のモダリティに導かれたダイクシスは新たな伝達の場に立った解釈を容易に許したりする。その結果，直接引用読みしか許容しないモダリティを含んだ引用表現から，間接引用読みを簡単に認めるモダリティを持った引用表現まで様々なものが生まれる。その状態に応じて，準直接引用や準間接引用という引用表現形態が生まれてくることを第4章と第5章で観察する。

　最後の4）の課題「引用のマクロ的分析」においては，それまでの比較的ミクロレベルの談話分析とは異なり，日本語学習者が産出した引用表現をよりどころに，日本語では引用表現の形態を取るにもかかわらず英語などではそうはならない情報のありかについて考察する。それはKamio(1979, 1985) 神尾(1990)で提唱されている「情報のなわばり理論」に合致したものであり，マクロ的視野をもたないと解明できない引用研究の一分野と言える。この第6章では最後に本書における引用研究の「総観」も行い，まとめとする。

　なお本書の中心的テーマである「引用句創造説」にまず関心がおありの読者には，最初に第2章から読みはじめ，それから，第1章，第3章という順序で読み進んでも何ら差し支えないことを断っておく。

注

1) 「引用」と「話法」の違いについては第1章で論じる。
2) 第2章で詳しく論じるが，「新たな発話らしい発話」には元々の発話への類似を目指したものと目指さないものがある。

第1章

引用，話法，「と」及び引用動詞

はじめに

　引用，あるいは話法という文法概念は西洋文法から取り入れられたもので，日本語研究においては非常に新しい。それは，もちろん，日本語に引用とか話法に関係した言語現象がない(あるいは，なかった)というのではない。実際，古典の解釈においても，例えば，「大鳥の羽易の山にわが恋ふる妹は座すと人のいへば」(万葉集210)の「わが」はこの句の作者(柿本人麻呂)を指すのか，あるいは，「人」を指すのかといったような論議は古くからあり，直接引用，間接引用の意識もあった(「国語学辞典」の「引用」の項目，及び，奥津(1993)より引用)。しかし，現代言語学の視点からの日本語の引用研究は，三上(1953, 1972)においても，日本語の直接話法，間接話法の区別ははっきりせず，むしろ日本語には折衷話法というものがあるのではないかという興味深い指摘があるものの，本格的な引用構文の研究は奥津(1970)による変形文法の観点からの分析を待たねばならなかったと言えよう。このように新しい

研究分野ではあるが，この30年程の研究成果は，統語論，意味論，語用論，さらに談話分析，社会言語学という枠組みのなかで大きな発展を遂げて来たことは事実である。本書は現代日本語における引用表現の記述分析に焦点を当てた研究であるが，その序論としてまず考えておきたいことを本章でいくつか取り上げ，引用研究全体に対する地盤がためを試みる。まず，最初に用語の整理として「引用」と「話法」の違いを考える。次に，日本語の引用表現と切っても切れない関係にある助詞「と」の扱い，それから，引用句を導く動詞とそれに先行する引用句との形態的関係について検討する。

1. 引用と話法

　「引用」と「話法」は同じか。いや違うが，では，それらはどう違うのかと定義づけを要求されると，はたと困ってしまうものである。実際，違うということは分かっていながら，その明確な定義づけがなされないまま使用されるのが一般的で，例えば，牧野においても「直接引用（または直接話法）」(1978: 162-4)，「直接話法（直接引用）」(1980: 189-194)という書き方がなされ，「直接引用句」を含む表現方法を「直接話法」，あるいは「間接引用句」を含む表現方法を「間接話法」という暗黙の了解のもとでの使い分けが行われているようだ。奥津(1970)，柴谷(1978)，寺村(1981, 1984)あたりでもだいたい類似した感じである。しかし，そうすると，いわゆる英語の "I asked Tom to come." などに匹敵する「トムに来るように言った」などの文はどのように類別すべきであろうか。ちなみに，寺村(1981: 149)はそのような表現には「'間接的な'『と』よりいっそう間接的な感じがある」と述べ，それが「間接話法」であるという直接的な(？)言い方を避けている。一方，奥津(1970)はそれは元々の命令文に「'間接化'(indirectification)」が当てはめられたもの，つまり，「間接話法」であるという扱いを暗に示している。

　「引用」と「話法」という文法概念を意識的に取り上げたものに砂川

(1989)がある。彼女によると「話法」とは「発言内容や思考内容を伝達する際の…表現方式…」であり，三上(1953, 1972)が「話法」の範疇から除外した「…ように(言う)」や「…ことを(希望する)」という表現形式も，「ある思考ないしは発言の行われる『場』と，それとは別の発言が行われる『場』，という2つの場の相関の在り方を記述する」話法の問題として取り込むべきであると言う(p.358)。つまり，三上が行ったような，「～と」を取る形式のみを「話法」として取り扱い，「読むようにすすめられた」とか「彼らがやってみることを希望した」とかいう表現を「話法」の範疇に入れない立場を，それらが発言の場と別の発言が行われる(あるいは，行われた)場という「二重の場」からなるという根拠から否定しているのである。したがって，二重の場の相関の在り方を示す表現は全て「話法」という概念に合うというのが砂川の考えである。確かに，砂川の考えに立てば，いわゆる伝聞表現と言われている「～そうだ」「～らしい」「～との由」「～とのこと」などの表現も話法の範疇に入ることになり，より広い視野に立った話法の検討が可能になることは事実である。

さて，「引用」という概念について砂川は，「引用するということは，ある発言の場ないしは思考の場で成立した発言や思考を，それとは別の発言の場において再現するということである」(p.362)としながらも，

> 「引用」という機能にかかわりをもつものとしては引用句の「～と」を受ける形式だけに限ることにする。その理由は，この形式だけが，話し手の場に元の発言や思考の場を再現させる機能を果たしうるものであり，この機能こそ「引用」というにふさわしいものであると思われるからである　　　　　　　　(p.361, 傍点は筆者による)

と考える。これは，いわゆる助詞「と」に導かれるもののみを「引用」として扱うということで，「～に行くように言われた」とか「～が来るそうだ」など

の表現における伝達内容部は「引用」と見做さないということを意味することになるが、ここに砂川が「引用」という機能に関わりを持つものを「と」に導かれる形式だけに「限ることにする」とか、その形式だけが「引用というにふさわしいもの」と断っているのには、それなりの苦労が見えるように思う。なぜなら、そのような「断り」がなければ、三上が引用と話法をほぼ同じように扱ったのと結局同じことを主張してしまうことになるからである。前にも述べたように、三上は「〜と」を受ける表現のみを話法の範疇におき、したがって、「〜するように言われた」というような表現は話法と関わりがないという立場を取り、「〜引用」と言おうと、「〜話法」と言おうと違いがないということを示していたからである。そして、また、それが三上を含むたいていの研究者による引用・話法の取り扱いに対する砂川自身の批判の根源であったのである。

砂川は次のような文も彼女のいう「話法」、つまり、「発言内容や思考内容を伝達する際の…表現方式」として扱う形式であり、「間接話法表現」であると言う。

（１）　その作業は始めは簡単に思われた。　　　　（砂川(9)）
（２）　彼はかなり老けて見える。　　　　　　　　（砂川(10)）

砂川は明確には述べていないが、これら(1)(2)は次のような「と」に導かれる引用句を含む表現に匹敵すると考え、それゆえにこれらをも「場の二重性」という観点から記述されるべき話法表現と見做しているように思える。

（１'）　その作業は始めは<u>簡単だ</u>と思われた。
（２'）　彼はかなり<u>老けている</u>と見える。

そして、これらはすべて「発言内容や思考内容を伝達する際の表現形式」、

つまり,「(間接)話法表現」であるという点では同じだが,(1')(2')にははっきりとした場の二重性が存在するが,(1)(2)にはそれがないという点で異なると捉えるようだ。変な言い方かもしれないが,「話法」には「引用」という言語行為は必須だが,「(「～と」で導かれる)引用句」の存在は必須ではないのである。つまり,「引用句」がなくても「引用」さえあれば「話法」は成立するのである。しかし,筆者の見解では砂川は「場の二重性」という概念にこだわりすぎたため,「引用」という機能に関わりを持つものを「と」に導かれる形式だけに「限ることにする」とか,その形式だけが「引用というにふさわしいもの」と断わらざるを得ない羽目に陥ってしまったと言えよう。

このように「引用」と「話法」を区別すると,当然,「引用」とは何かということをさらに整理する必要が出てくる。砂川の表現を利用しつつ筆者の見解をまとめると次のようになろう。

引用と話法：
　「引用」とはある発話・思考の場で成立した(あるいは,成立するであろう)発話・思考を新たな発話・思考の場に取り込む行為である。そして,「話法」とはその行為を表現する言語的方法のことである。日本語の場合,引用は助詞「と」を伴って行われることもあれば,そうでないこともある。その判断はどのような話法形式が選択されるかによって決定される。

砂川との相異点は2点ある。ひとつは,これまで述べてきた引用の扱いである。このように規定すれば,引用は「と」を伴って行われることもあれば,「と」を伴わないで行われることもあるということで,「～そうだ」というような伝聞表現や「～するように言われた」というような表現にも「引用」があるということが説明できる。もうひとつは,砂川は「引用とはある発言の場ないしは思考の場で成立した発言や思考を,それとは別の発言の場におい

て再現する」(傍点，筆者)こととしているところを，筆者は「取り込む」という言い回しを取っていることである。砂川の「再現」という考えの底には，「と」で導かれる引用のみを「最もふさわしい引用句」と見做していることからしても，直接話法とは元の発話をできるだけ忠実に「再現」すること，間接話法とは伝達の行われる場に立って元の発話を「再現」することである，という考えがあると察せられる。しかし，後ほど，詳しく観察するように，直接引用といえども，元の発話・思考とは何らかの関係を保ちつつも，「再現」という域を越えた新たな場における新たな発話・思考を「表現」していると考えなければ説明のつかない言語事実があるからである。これはTannen (1986 など)で指摘されている引用とは "Constructed Dialogue" であるという主張と立場を同じくするものである。第2章で検討するように，日本語の直接引用句を詳しく観察すると，「再現」とはほとんど結びつかないものが引用句には現れる。例えば，次のテレビ座談会からの例(3)における，「お前のために，お前のために」という表現は必ずしも親が子供に言うとは限らないことを知っての上での選択で，むしろ「直接引用スタイル」とも言うべき創造的な表現である。(4)は元の発言・思考が言語表現でないものを新たな発話の場に「取り込んで」，それを言語表現化した「直接話法表現」である。(いずれも第2章からの例である。)

(3) テレビ座談会の司会者
　　なださん，そういうふうに，お前のために，お前のために，って言われたら子供は嫌で離れていくんじゃないですか？
(4) 筆者の自宅食卓でみかんを食べる筆者のそばでよだれを垂らしている愛犬ジェフリーを見て，筆者の妻が
　　修さん，ジェフリーが僕にもみかんちょうだいよってゆうてるわよ。

さらに、「すぐ来るように言われた」などの表現も引用という言語行為に起因するという立場から見ても、「〜ように」に先行する引用の内容部分も「再現」というより、新たな「表現」と考えるほうが適切であろう。もちろん、引用には文字通りの引用、あるいは、元々の発話に類似した引用があることは事実であるが、そのような「再現」も「表現」の一部であるということを認識する必要がある。この点は鎌田 (1994, 1998) で検討したことであるが、次章で更に詳しく観察する。

また、「話法」とは「引用」される情報を言語的に表現する方法というように捉えると、助詞「と」を導いて表現するのもその方法のひとつであり、また、「と」を必要としない表現方法もそのひとつであると考えることができ、日本語の話法がかなり広く捉えられることになる。いわゆる「直接話法」というものをひとつの極に、そして、「間接話法」をもうひとつの極に、あるいは、「自由話法」とも「描出話法」とも言われる全く助詞「と」を取らない話法 (寺倉 1995)、「〜そうだ」などの伝聞表現もすべて、「引用」によって得られる情報をそれなりの方法で伝達する「話法」という範疇で統括できるのである。筆者自身は別章で検討するように、「直接話法」は必ず助詞「と」を伴うが、「間接話法」についてはその「間接度」の「度合い」が極めて強いものは「と」を取らないで表現されると考える。したがって、本書『日本語の引用』は「と」を含む話法も、「と」を含まない話法も射程範囲に置いているということについて念を押しておきたい。

最後に、西洋語においては文学論的、修辞論的ではあるが話法研究に長い歴史があり、それだけに、「話法」あるいは「引用」に対する用語も千差万別であるが、「話法」と「引用」を明確に区別したものは見当たらない。次に、参考のためそれらに該当する用語を一瞥してこの節を閉じる。

網羅的知識に基づくことではないが、西洋語においても「用語」の統一は困難を究めているようである。しかし、reported speech という用語が「話法」の総称として使用されるのが最も一般的で、「直接話法」には、oratio recta, direct discourse, direct quotation, direct speech,「間接話法」には, oratio obliqua, indirect discourse, indirect quotation, indirect speech などが宛てがわれるようだ。しかし, 小説などで用いられる「自由話法」あるいは「描出話法」については, free indirect speech／style／discourse, quasi direct／free semi-direct discourse, represented speech, semi-indirect style, le style indirect libre, erlebte／verschleierte／halbdirekte／psuedoobjektive Rede, Rede als Tatsache, oratio tecta, mingling of direct and indirect speech, veiled speech, experienced speech というように千差万別の用語が用いられる (Janssen and van der Wurff 1996: Coulmas 1986)。なお, 筆者の知るかぎり, 上に見た「引用」と「話法」の違いを意識的に区別した研究は見当たらないが, "quoting" という用語が前者を意識して使用されているようだ。

　最後に話法を引用という言語行為に基づく報告文体とする筆者の捉え方と立場を同じくする Thompson (1994) の英語研究に少々触れておきたい。Thompson は次の3つの例はすべて "reporting" の範疇に入ると考える。

(a) Michael said, "Take care" to the businessmen and followed Wilfred through the mob.
(b) He told his wife he was going to Florida to look for a car.
(c) I was thanked for coming and left.

　(a)はいわゆる直接話法, (b)は間接話法, (c)も間接話法と言う。(c)も間接話法に入るという理由は "was thanked for coming" という表現には "...said, 'Thank you for coming'." という発話行為がすでに存在していて, それを現伝達者 ("I") が引用 ("quoting") し, 報告 ("reporting") した結果であるからだという。まさしく, 日本語における助詞「と」を伴った引用句であろうと, なかろうと「引用」は成立し, それを表現できるとするのと同じ考えである。したがって, 次の小説の一節も至る所に引用が行われていると考えら

れる(赤野 1999)。

> それからスミレとミュウは,二人だけの会話に没頭した。まわりのことは目に入らなくなった。にぎやかな披露宴だった。いろんな人が立ち上がってスピーチをしたし(スミレの父もスピーチをしたはずだ),出てくる料理も決して悪くなかった。でもなにひとつ記憶に残っていない。肉を食べたのか,魚を食べたのか,作法どおりフォークとナイフをつかって食べたのか,それとも指ですくって皿をなめたのか,ろくに覚えていない。　　　　　　　(村上春樹「スプートニクの恋人」)

　最初の「会話に没頭した」と言う表現は「二人」が対話という言語行為を交えたということを「間接的に報告」している。「まわりのことは…」以下すべての表現は読者を「スミレとミュウ」に共感(empathy)させて,その2人の視点からその場の状況を報告するという「自由話法」によるものであるというように。

2. 引用句を導く助詞「と」について

　助詞「と」は色々な環境において非常に多く現れる。書き言葉を例に三上(1953, 1972)もその点を指摘しているが,話し言葉においては更に多様な様態が観察される。三上とは違う角度から,いくつかの例を見てみよう。いずれもテレビ,ラジオにおけるトークショーなどからのデータである[1]。

(5)　歌手,カルーセル・マキがテレビインタビューで：そいでもう,ひげ(a)とか引っ張ったりしてね,しわがない(b)と言ったりねえ,みんながどうやって整形してる(c)とかね,　　　　　(「徹子」)
(6)　カルーセル：そいで私が年言ったら,うそでしょっ(a)て昔の話し

てもわかんないですよね。　　　　　　　　　　（「徹子」）

（7）　丸山：例えば，夏休みかなんかです (a)と，子供がね，お母さんついて来なくったって，僕，買い物に言ってくるよ (b)とかね。僕自転車でどこでも行ってくるよ (c)とか言うような時期ですね…ちがった関わり方でね，子供に実は他人がいるんだ, (d)と。で，それには，こういう仕事があるんだ, (e)と。…しちゃいけないんだ, (f)というようなことをね。　　　　　　　（「座談会」）

（8）　三国：で，見る側はね，ぐっ (a)とくるわけですよ。ぐっ (b)と来た瞬間，そのツボをはずさないんです。クローズアップから音楽っ (c)ていっても…ガーンっ (d)ていく人もいるわけですよね。

（「日曜」）

（9）　徹子：プロデューサーがちょうど同じ年なんですっ (a)て？　あの越川さんと同じ年なんですっ (b)て？　　　　　（「徹子」）

　これらは決して助詞「と」の現れる全ての環境を提示しているのではなく，この節で検討しようとしている「と」の機能の多様性とその認定の難しさを示そうとしたものである。(5)においては並立助詞「とか」の一部としての「と」が2度(a, c)，それから，引用句を導く典型的な「と」が一度(b)。(6)においては「と」が口語化した「って」(a)となり，そのあとに「昔の話」という直接目的語が来る形。(7)ではまず，接続助詞としての「と」(a)，そして並立助詞「とか」の一部としての「と」(b, c)，それから，インタビューなどの談話によく現れる，独立した文（メッセージ）をひとつずつ締めくくっていくような「と」(d, e)。連体修飾節を形成するという「という」(f)。(8)ではいわゆる擬態語を導く「と」(a, b)，それから口語化した「って」(c)と「がーんと」がおそらく口語化して「ガーンって」になったと見做される「と」(d)。(9)の「って」については「と」の口語化したものと見做すより，ひとつの固定形「〜んです（だ）って」の一部と考えるべき「って」(a, b)。それは，

(6)における「って」は「と」に置き換えても，文法性も崩れないし，意味の差も生じないが，しかし，(9)の場合は，そうではないというのが主な理由である[2]。（以下，本書においては，*を非文法的か不適格な文であることを意味する。）

(6')　そいで私が年言ったら，うそでしょ<u>と</u>昔の話してもわかんないですよね。

(9')　*プロデューサーがちょうど同じ年なんです<u>と</u>？　あの越川さんと同じ年なんです<u>と</u>？

　さて，ここで問題にしたいのは，このように擬声語・擬態語表現や引用表現に関わる助詞「と」(そして「って」)の扱いである。「と」は名詞句を導く格助詞と見なすべきか。あるいは「と」は格助詞ではなく，それに先行する句を副詞句として標示する「引用標識」(quotation marker)と見なすべきかという違いである。言い換えると，「と」に先行する句は文の構成要素として必須の成分である「連用補語」なのか，あるいは，必須ではなく，付加的な修飾成分として働く「連用修飾語」なのか(寺村1982: 238)ということである。奥津(1970, 1974, 1993)，寺村(1981, 1982, 1984)等は前者で，柴谷(1978)，砂川(1988, 1989)，藤田(1987)などは後者である。
　本論に入る前に，このように引用に関係する助詞「と」の現れる言語環境を整理するため，その構造記述をまず行っておきたい。それから項を改めて，「と」そのものの構文的扱いについて論じていきたいと思う。

2．1　「と」の現れる言語環境の構造記述

　まず，もっとも基本的なものとして寺村(1982: 173–176)による「コトを含むコト」の類型としての構造記述を挙げたい。

(Ⅰ) 思考作用 　　　　　　　　　　　　　　　　(寺村(29))
　　　述語：思ウ，考エル，信ジル，疑ウ，思イ出ス，恥ジル
　　　補語：主体 (X)→ X ガ
　　　　　　内容　名詞 (Y)→ Y ヲ
　　　　　　　　　コト→[コト]コトヲ／[コト]ノヲ／[…]ト

(Ⅱ) 発話行為 　　　　　　　　　　　　　　　(寺村(30)を修正[3])
　　　述語：言ウ，告ゲル，話ス，教エル
　　　　　　叫ブ，ワメク，ドナル，ササヤク
　　　　　　尋ネル，訊ク，問ウ，答エル
　　　補語：主体 (X)→ X ガ
　　　　　　内容　名詞 (Y)→ Y ヲ
　　　　　　　　　コト→[コト]コトヲ／[コト]ノヲ／[…]ト

寺村は述べてはいないが，内容([…]ト)は更に次のように構造記述することが可能である。

(Ⅲ) 内容→[…]ト(＋思ウ，言ウ，尋ネル)
　　(a) [＋tense (ソウダ／ヨウダ／ラシイ／ダロウなど)
　　　　　　　　(デス／マス／ヨ／ネなど)]ト(＋思ウ，言ウ)
　　(b) [＋tense (ダロウなど)(デス／マス)カ]ト(＋尋ネル)
　　(c) [＋tense (ダロウなど)カ](ドウカ)(ト)(＋尋ネル)

　ⅰ)　「思ウ，言ウ，尋ネル」は，それぞれ「思考，発話，疑問」の行為を表わす動詞を代表する。
　ⅱ)　「引用句」の時制(tense)は相対的なものであり，主節のそれにコントロールされる。

iii) (a)における「ダロウ」は「推量」の「ダロウ」であり,「確認要求」の「ダロウ?」ではない。一方,(b)の「ダロウ」はその逆である。つまり,それら2つの「ダロウ」はモダリティの階層を異にするものである。

iv) (b)と(c)の違いは引用句に(デス/マス)が現れると,必ず助詞「ト」が用いられなければならない,ということである。
　　例：　花子に明日も来ますか {*φ／と} 尋ねた。
　　　　　花子に明日も来るか {φ／と} 尋ねた。

v) (c)において助詞「ト」が必要かどうかについては筆者の判断では「?」が付くが人によって揺れるのではないかと思われる。
　　例：　花子に明日も来るかどうか {φ／?と} 尋ねた。

なお,(1)における「Yヲ(あるいは「～コトヲ」)思ウ」と「～ト思ウ」は微妙ではあるが違いがある。ちなみに,机上の三省堂「現代国語辞典」は「思う」の項目のなかで①「心の中で考える」のほか,②「おしはかる。想像する。」(「相手の気持ちを―」),という説明をあげている。つまり「～ト思ウ」が「心内発話」を表すのに対し,「Yヲ思ウ」は思考のプロセスを経てあることを思い起こすという「意志的な思考作用」を表すと言えよう。実際,この意味での「思ウ」と「心内発話」を表す「思ウ」には次のような文法的違いがある。

(a)　　私は行くと思う。
(b)　　太郎は行くと {*思う／思っている}。
(c)　　これでも私は花子の気持ちを十分に {?思う／思っている}。
(d)　　太郎は花子の気持ちを十分に {?思う／思っている}。
(e)　?? 行くと思いなさい。
(f)　　相手の気持ちを思いなさいね。

(a)と(b)は「心内発話」を表す「思ウ」が話者自身のそれについては「思う」という直接形で表せるのに対し、他者のそれについては「～ている」という補助動詞を補わなければならないことを示している。(言うまでもないことだが、(b)において「思う」が適格となる場合は、それは「太郎」の気持ちを表すのではなく、話者がそう「思う」という「話者自身」の気持ちを表すからである。)一方、(c)、(d)は、意志的な思考作用を表す「思ウ」は話者自身のそれであるか否かに関らず、現在の心理状態を表すには補助動詞「～ている」が必要であるということを示す。また、(e)、(f)が示すように「心内発話」の「思ウ」は命令形にすることができないが、動的な思考作用を表す「思ウ」はその動的性質故、命令形にすることが可能になるのである。(II)の「言ウ」も「～と」のみならず「(名詞)ヲ」を取ることも可能である。(例えば、「祖母はいつも小言を言うので、皆から嫌がられている。」)しかし「～ヲ言ウ」と「～ト言ウ」における「言ウ」には「思ウ」の場合のような違いは観察されない。

さて、引用に関わる助詞「と」の生起する言語環境は上に見た典型的な心内及び心外の発話行為を表す場合のみならず、それほど注目はされていないが、かといって言語学的に価値の決して低いものとは言えないものがある。寺村(1981)にしたがってその構造記述を行うと次のようになろう。

(IV) 判定，命名
　　　述語：思ウ，言ウ，捉エル，見ナス，呼ブ
　　　補語：主体(X)→ X ガ
　　　　　　対象(Y)→ Y ヲ
　　　内容：名詞(Z)→ Z ト
　例：
　　(a) 太郎は花子をこの世でもっとも美しい女性だと思っている。
　　(b) 君は花子を世界で最も美しい女性だと言うのかい。
　　(c) 花子を絶世の美人だと見なすのは間違っている。

(d) キリスト教ではエルサレムを聖地と呼ぶ。

変形文法には "raising"（繰り上げ規則）と呼ばれる変形規則があるが，まさしく，これらはその対象として論じられてきたものである（井上 1977: 134-135）。

太郎は［花子がこの世でもっとも美しい女性だ］と思っている。
↓
subject raising（主格繰り上げ）
↓
太郎は花子をこの世でもっとも美しい女性だと思っている。

つまり，深層部にある「XガYダ」という構造が表層部では「XヲYダ」というように変形されるという任意の操作である。この操作が真に存在するのかどうかは疑問の余地があるが「XガYヲZト思ウ」という格配列が日本語に存在することは事実である。

最後に次のような構文における引用に関わる助詞「ト」の現れについても触れておきたい。

(V) 主体(X)ガ　（内容)ト　（名詞)ヲ
　　　　　　　　　　　　　　言ウ／伝エル／願ウ／約束スル

例：
(a) 太郎は花子にありがとうとお礼を言った。
(b) 太郎は花子に来年にしようと今後の予定を伝えた。
(c) 太郎は花子に手術が成功するようにと病気の回復を願った。
(d) 太郎は花子にもう二度と飲まないと禁酒を約束した。

この構文は，次のいずれかの構造からなると考えることができる。

(a) 単文構造：「(内容)＋ト」は「(名詞)ヲ」を付加的に修飾している任意の要素であるが「(名詞)ヲ」はこの構文には必須の要素であり，「～ガ～ヲ言ウ」と同じ構文である。
　　　太郎は花子に（ありがとう<u>という</u>）お礼を言った。
　　　→太郎は花子にありがとう<u>と</u>お礼<u>を</u>言った。

(b) 複文構造：「(内容)＋ト」の後に「言って，思って」等が省略された複文構造から派生したものであり，「～ガ～ト言ウ」という構文と「～ガ～ヲ言ウ」が連なったものである
　　　太郎は花子に来年にしよう<u>と言って</u>，今後の予定を伝えた。
　　　→太郎は花子に来年にしよう<u>と</u>今後の予定<u>を</u>伝えた。

後ほど検討するように，日本語には「太郎はお早うと言った」というように引用句のあとに典型的な引用動詞が来る場合もあれば，「太郎はお早うと入ってきた」というように引用句の後に，引用とは全く関係のない動詞が来る場合もある。藤田(1987b, 1997)は後者は決して「入ってきた」の前に(つまり，引用句「お早うと」の後に)「言って」が省略されたものではないと主張し，同じ根拠から(Ⅴ)は上にみた(a)の単文構造をなすものであると考える。筆者は，藤田とは異なり，(Ⅴ)は(b)の複文構造から成るものと見做し，したがって阿部(1999)同様，(Ⅴ)そのものを独立した引用構文とは認めない。このことについては本章の最後のところで詳述する。

　以上が，引用に関わる助詞「と」が生起する概ねの言語環境である。これらは文レベルにおける極めて文法的な現象であるが，談話レベルにおける「と」の現れも，例えば，前に見た例(7d,e)のように文の最後に「と」が来て，その後，何ら動詞が補われないで，話が進んでいくような使われ方も射

程に入れた観察が必要なことは言うまでもない。

（7）　丸山：例えば，夏休みかなんかですと，…ちがった関わり方でね，子供に実は他人がいるんだ，(d)と。で，それには，こういう仕事があるんだ，(e)と。…しちゃいけないんだ，というようなことをね。

（「座談会」）

このような「と」を含む言語環境はあえて記述するとすれば，

（Ⅵ）S_1＋ト。｛S_2＋ト。S_n＋ト（言ウ／思ウ etc.）。｝

とでもなるのだろうか。ここで詳述する余裕はないがS_2以後を｛｝でくくったのは，それらが必ずしも必須の要素ではないということ。つまり，引用句をいくつも並列して，最後に引用動詞（言ウ／思ウ etc.）で終結する構文ではないということが言いたいのである。

しかし，ここではこれ以上，談話レベルの「と」には触れず，一応上に見た（Ⅰ）から（Ⅴ）までの構文における「と」に的を絞り我々の認識を深めたいと思う。

2.2　「と」の構文的扱い

まず，最初に「と」を格助詞と見做す奥津などの立場から検討したい。

2.2.1　奥津（1974）などの立場

奥津（1974）は「引用された文は名詞的性格を持つことになり，引用格の格助詞「と」をとり，引用動詞である『言う』『話す』『書く』などにかかっていく。」(pp.134-135, 傍点は筆者による)と述べ，その根拠として，次の例に見られる文法的操作をあげている。(10)は名詞化，(11)は引用文が名詞化されて

いるが故，連体修飾されている例である。

(10) 1.「モット光ヲ」ガゲーテノ最後ノ言葉デアッタ

(奥津(4.38))

(11) 1. ゲーテハ最後ニ「モット光ヲ」ト言ッタ →
　　　　ゲーテガ最後ニ言ッタ「モット光ヲ」（ガコノ碑ニ彫ラレテイル）

(奥津(4.39))

この立場は奥津(1993)でも保持され,「引用構文とは，典型的には三項述語である引用動詞が,主語・間接目的語・引用格の3つの格をとり,」『『と』はやはり格助詞で,名詞化された引用文に後置されて引用格をなすと考えられる」と主張している(p.75)。また,目的格を標示する格助詞「を」と「と」が等価であることが,寺村(1982:239)でも指摘されている引用文が「直接受身化」されるという事実からも立証できるとし,この立場をさらに擁護している(奥津1993:76)。

(12) パンダは妊娠後120日から168日の間に出産すると言われている。

(奥津(10))

これが奥津が「と」を格助詞とする根拠であるが，奥津はすべての「と」を格助詞として扱うのではなく，次のような例においては「命名の『と』」と「『と』の特殊な用法」として「格助詞」とは認めていない。

(13) 　アノ動物ハカンガルートイウ 　　　(奥津(4.41))
(14) 　4対1ト第1戦ヲ飾ッタ 　　　　　　(奥津(4.42))

2.2.2　柴谷（1978）の立場

　さて，次に，「格助詞」ではなく「副詞句」を標示するものとする立場である。まず，柴谷(1978)から見てみよう。

　柴谷(1978: 80–103)は奥津(1970)と同じように生成変形文法の立場から，深層構造に「直接話法」表現を想定し，各種の「変形」を経て，「間接話法」が表層構造で生成されると考え，その統語的プロセスの解明を試みた。しかし，奥津とは異なり，助詞「と」を引用標識と称し，|引用, 文|からなる「引用句」は「引用標識挿入規則」を経て，|引用, 文|＋引用標識「と」という形の「引用句」になると考え，それは擬態語，擬声語が「即席に物音を引用」して，それに引用標識の「と」が付随され，「副詞節」が生成されるのと同じであると主張する。つまり，奥津が言う格助詞「と」を伴う名詞句としての引用句は，柴谷においては引用標識「と」を伴う「副詞節」であるという扱いである。

(15)　「お早う。」と鈴木が入ってきた。　　　　　（柴谷(35)）
(16)　十円玉を一枚ずつ入れる度に，びいん，びいんと快い機械音が聞こえた。　　　　　（柴谷(70)）

柴谷は(15)の「『お早う。』と」は「『お早う。』と言って」が縮まったもの，つまり，「言って」が省略されたものであり，また，同じく，(16)の「びいん，びいんと」も，それは慣用化された擬態語・擬声語（「じゃらじゃら（と）」など）のように，引用標識「と」を伴う「副詞節」という。ちなみに，柴谷は深層構造に直接話法の「命令文」があり，それが表層構造で「勧告間接話法文」として「〜よう(に(と))話す」となる場合の「〜よう(に)」は引用句内の「補文標識」で，それに「引用標識」の「と」が随意的に挿入される，という。

(17)　母は太郎に明日来るよう(に(と))話した。　　(柴谷53(イ))

この例で言えば,「明日来る」が引用句で「よう(に)」が補文標識,「(と)」は引用標識ということである。「と」が「随意的」ということはあってもなくても意味が変らないということであろうが,「来るように言った」と「来るようにと言った」は決して同じではなく,砂川(1988, 1989)の「場の二重性」という概念からすれば前者は「一重」だが後者は「二重」という区別がつけられる。しかし,この点を除けば,砂川が「～ように言う」を引用句と認めないのとは対称的であることを指摘しておきたい。

2.2.3　藤田(1986など)の立場

ここで,柴谷よりさらに強く,「と」が格助詞ではなく副詞節を導く「様態,状況」を示す助詞であるという立場を取る藤田(1986, 1987b, 1988, 1996)の見解を検討する。藤田は日本語の引用に関する一連の研究の中で,「と」をともなう引用表現に2通りのものがあると主張している。次は藤田(1988)からの例である。

(18)　和博は風呂に行こうと言った。　　　　　(藤田(1))
(19)　智子はそんなはずはないわと思った。　　(藤田(2))
(20)　誠一郎がお早うと入ってきた。　　　　　(藤田(4))
(21)　私はうそをつけと横を向いた。　　　　　(藤田(5))

(18)(19)に見る「～と言う・思う」のような「と」に伝達・思考動詞が来るタイプを典型的な引用表現とし,さらに,(20)(21)のように伝達・思考動詞ではないが「と」で結ばれる引用句と無理なく共存するタイプ,この2つがあると主張する。前者を「β型」,後者を「α型」と称し,それらを次のように特徴づける(pp.35–36)。

「α」型：「引用句と述部が引用句『〜ト』によって示される発話(心内の発話も含む)と述部によって示される別の動作・状態とが同一場面に共存するという意味関係において結びつくとみられるもの」

「β」型：「引用句『〜ト』で示される発話・心内の思惟・認知と，述部の示す動作・状態が事実上一致するもの」

藤田は「α型」(つまり，例(20)(21))が一般に「〜と」の後に伝達・思考動詞が省略されたものと見做されることに異論を唱え，「β型」(つまり，例(18)(19))の派生形ではないと主張する。確かに，藤田が批判するようにたいていの引用研究は「β型」に集中しており，「α型」に対する認識が薄いことは事実である。この点に関しての藤田の見解には傾聴すべきものがあり，その論点をここで検討したい。

藤田は上述した柴谷と同じく引用句は「副詞的修飾句」であり，「格成分」ではないという立場を取る。しかし，柴谷が(15)「「お早う。」と鈴木が入ってきた。」という文を「「お早う。」と(言って)鈴木が入ってきた」と「(言って)」が省略されたものと見做すことについて否を唱え，また，「お早うと」が「バタバタと入ってきた」の「バタバタと」のような「物音的な副詞句とみなそうという趣旨には，遺憾ながら賛成しがたい」(藤田1987b: 60)とし，その根拠を次のように説明する。

藤田は，石神(1983)の連用修飾を「素材としてのコト(事象)をモノ(実体)とサマ(属性)とに分析し，これを統一することによって表現する方式の中で，サマ(属性)を二重的にとらえるものである」(藤田1987b,より引用)とする主張をまず拠り所とする。つまり，それは例えば，「太郎があわただしく食べる」というような文は「太郎が食べる(+tense)」という時間性的なサマと超時間性的な「太郎があわただしい(−tense)」((−tense)は筆者による追加説明)というサマの2句が相関するという内部構造を持っている，という主

張であるが，同様に引用句も基本的に「情態性連用修飾句」であり，サマの(多様な)二重的把握で説明できると藤田は考える。例えば，次の例を見よう。

(22)　太郎があわただしく食べる。　　　　　　(藤田(15a))
(23)　太郎がガサガサと食べる。　　　　　　　(藤田(15b))

藤田は(22)は「食べる」ことの様態を「あわただしい」と抽象化した捉え方で限定しているのに対し，(23)はそれを具体的に示す形で限定している，と分析する。藤田は詳述してはいないが，それは，次のような構造であると考えている。

(22')　太郎があわただしく食べる。
　　　　←　{ (a)「太郎が食べる（＋tense）」
　　　　　　 (b)「太郎があわただしい（−tense）」
(23')　太郎がガサガサと食べる。
　　　　←　{ (a)「太郎が食べる（＋tense）」
　　　　　　 (b)「太郎がガサガサ（−tense）」

(23'b)「太郎がガサガサ」が引用句に相当する部分であるが，それは(22'b)「太郎があわただしい」と同様，超時間性的に情態を表している。しかし，それは(22'b)が抽象的修飾であるのに対し，擬声・擬態語による臨場的な超時間性の表現であり，具体的な現実の持ち出し方であるという点が違う，その違いは「と」に起因すると考える。(23)は「ガサガサと」と「食べる」という２句が同時に相関する内部構造を持ち，「α型」の引用句を含む文はもちろん，「β型」も，「と」で導かれる引用句すべてが，その後に典型的な引用動詞(言う，思うなど)が来ようとそれ以外の動詞が来ようと，このような副詞的修飾機能を持ったものとして存在すると藤田は考える。

(18') 和博は風呂に行こうと言った。
　　　　　← { (a) 「和博が言った (+tense)」
　　　　　　　 (b) 「和博が"風呂に行こう" (−tense)」
(19') 智子はそんなはずはないわと思った。
　　　　　← { (a) 「智子が思った (+tense)」
　　　　　　　 (b) 「智子が"そんなはずはないわ" (−tense)」
(20') 誠一郎がお早うと入ってきた。
　　　　　← { (a) 「誠一郎が入ってきた (+tense)」
　　　　　　　 (b) 「誠一郎が"お早う" (−tense)」
(21') 私はうそをつけと横を向いた。　　　　　　　（藤田(5)）
　　　　　← { (a) 「私は横を向いた (+tense)」
　　　　　　　 (b) 「私は"うそをつけ" (−tense)」

(23')で「太郎がガサガサ(と)」がすでに「太郎がガサガサ」しているサマを超時間性的に描いているように、引用句もそれ自体、例えば、(18')の「和博が"風呂に行こう"(と)」(いう)サマを超時間的に描いていると考える。(20')の場合も、「誠一郎が"お早う"(と)」というサマが超時間的に描かれていると言う。したがって、「α型」であれ、「β型」であれ、引用句そのものはすでに情態を修飾する副詞句として機能しているので、柴谷のように「と」のあとに「言う」が省略されているなどと考える必要がないというのが藤田の論である。「β型」においては、そのあと典型的な引用動詞が来るが、それは「引用句『〜ト』で示される発話・心内の思惟・認知と、述語の示す動作・状態が事実上一致するものである」(藤田1988: 36)「α型」と内部構造は変らないと藤田は主張しているのだと、筆者は理解している[4]。結論として「具体的現実(引用表現、筆者注)と抽象的描出(述語動詞、筆者注)の二重性において発話・思惟のサマを立体的に捉えるのが『引用』なのである」と藤田(1987b:

59)は結ぶ[5]。

　さらに、「と」を格助詞と見做すことに対する反論として、藤田は「「β型」における「『～ト』がいわゆる『引用動詞』と相関する場合には、意味的にも結びつきが密接になり、一種の格に近い性格を帯びる場合もあると見られる。しかし、それは日本語の『引用』の一面に過ぎぬものであって、それで全体を割り切ることはできないだろう」(1988:34)と述べる。それは、(20)「誠一郎がお早うと入ってきた。」が「誠一郎がお早うと言って、入ってきた」とか、(21')「私はうそをつけと横を向いた。」が「私はうそをつけと思って横を向いた。」というように、「と言って」、つまり、格助詞「と」と引用動詞「言って・思って」が省略されたものだとすることは、次の例からわかるように「述語省略ということは、通常の格成分に対して起こるものではなかろう」(1988:35)という根拠から成り立たなくなるという。

(24)　　善行が愛媛ミカンを食って、無駄話をする。　　（藤田(8)）
(24')　*善行が愛媛ミカンを、無駄話をする。　　（藤田(8')）

つまり、「～と言う」は必須補語である引用部「～」とそれを導く「と」を格助詞であるとし、(16)「誠一郎がお早うと入ってきた。」は「言う」が省略されたものとするなら、それと同様(24)において格成分である目的格を導く格助詞「を」に後続する述語「食って」も省略可能なはずだということになる。しかし、(24')が示すように「食って」を省略すると非文が生まれてくる。したがって、(20)は「言って」が省略されたものではないというのである。

2. 2. 4　藤田（1986など）の問題点

　上述のように、藤田は一連の研究で引用句を「情態修飾副詞句」と見做す立場を柴谷よりもさらに踏み込んだ姿勢で追及している。しかし、筆者の知

るかぎり，藤田は「連用修飾」との関連に気を取られすぎたあまり，奥津，寺村などが「と」を格助詞と扱った引用文(藤田で言う「β型」のもの)が，述語に典型的な引用動詞が来る場合のみの「と」であることを無視して議論を進めてしまった感がある。例えば，前に見た奥津の場合，(14) 4対1ト第1戦ヲ飾ッタ，などの「と」は特殊なもの，格助詞ではないものとして典型的な「と」とは切り離して扱っているということにそれほど注目していない。また，藤田自身も「β型」の引用句は述語動詞にとって必須補語であることは認めているにもかかわらず，だからといって「『〜ト』を本質的に「格」成分と言ってしまうことは，いささか疑問に思う。」(1987: 59)と述べているように，疑問の残る，結論づけを行っている。

さらに，「α型」の引用句は「（と）言って」の省略されたものではないという議論にも，少なからぬ無理が感じられる。山内博之氏(口頭)によると，「誠一郎がお早うと入ってきた」のような文が可能なのは，その引用句が直接引用句に限られるという。例えば，次の例を見よう。

(25)　a.○先生が暑いと言いながら，教室に入って来た。
　　　b.?先生が暑いと教室に入って来た。
(26)　a.○先生が暑いねと言いながら，教室に入って来た。
　　　b.○先生が暑いねと教室に入って来た。
(27)　a.○先生が暑い暑いと言いながら，教室に入って来た。
　　　b.○先生が暑い暑いと教室に入って来た。

(26)と(27)の例はすべて，「と言いながら」があろうと，なかろうと文法性に全く問題がない。しかし，(25)の場合，「言いながら」がなければ，文法性を保つのはかなり困難である。この違いは引用句の種類によって生じている。つまり，「言いながら」はどのような引用句でもそれを導いて文法的な文を生み出すが，「言いながら」を伴わない文(25b)，(26b)，(27b)は，(26)

(27)が示すように，引用句が終助詞「ね」などを伴う「直接引用句」であれば，文法性に問題を生じないものの，(25ｂ)のように単に「暑い」という間接引用句であると，非文になってしまう。逆に言うと，(25ｂ)の「暑い」を「暑い!!」と言うように直接話法化すれば，「と言いながら」がなくても，文法的な文になる。前に詳しく検討したように，藤田は引用と擬態語・擬声語との類似性を根拠に「α型」は「と言う」が省略されたものではないと言う。しかし，それが直接話法にしか（あるいはそうでしかあり得ないかもしれないが）適応できないとすれば，彼の議論は説得力を半分失ったと言わざるを得ないであろう。つまり，藤田のように「α型」と「β型」とに分けることに，どの様な意味があるのか疑問が残る。

　引用句と擬態語・擬声語との類似性から藤田は「α型」の引用句が「～（と）言う」の省略されたものではないと言うが，実は，擬態語・擬声語に付随する「と」の生起環境を詳しく観察すると，むしろ，「α型」の引用句が「～（と）言う」の省略されたものであることがはっきりしてくる。その意味で田守とスコウラップ(1999)の研究は示唆に富む。田守とスコウラップは日本語のオノマトペ（擬態語・擬声語）は音韻論及び形態論の立場から整理すると，「と」の生起に関して次のように３分類できるとする。

① 「と」が義務的に付加されなければならないもの：
　　（例）戸がバタン ｛と／*φ｝ 閉まった。
② 「と」の付加が随意的なもの：
　　（例）戸がカタカタ ｛と／φ｝ 鳴っている。
③ 通常「と」が必要とされないもの：
　　（例）ここには変な人がチョクチョク ｛*と／φ｝ やってくる。
　　　　　水位がドンドン ｛?と／φ｝ 上がってきた。

　そして，「と」が義務的に必要とされるのは（上の①の場合）「比較的オノ

マトペ性が高く，語彙性が低い」オノマトペの場合であり(例えば，「(煙が)ぱっと上がる」「(桔梗の蕾が)ポンとかすかな音をたてた」など)，そこでの「と」は「基本的には引用の助詞と見なすべきである」(p.71)と言う。逆に言うと，オノマトペ性が低く，語彙性の高い「頻度副詞」や「程度副詞」には「と」が通常必要ないということである(例えば，「ちょくちょく，ぐんぐん，めっきり」など)。このことは「α型」における引用句の現れとも平行してくる。

(28)　先生はちょくちょく｛*と／φ｝やってくる。
(29)　先生はバタン｛と／*φ｝本を開いた。
(30)　先生は答えが分からない｛??と／と言って｝本を開いた。
(31)　先生は答えが分からないよ｛と／と言って｝本を開いた。

　間接引用と直接引用の相違については後に詳しく観察するが，直接引用のほうがよりオノマトペ性が高く，また，語彙性が低いことに異を唱えるものはいないと思う。直接引用である(31)が「と」に導かれるのも，また，「(と)言う」が随意的であるのも，そのオノマトペ性が理由であると言えよう。一方，間接引用である(30)はオノマトペ性が低く，また，かと言って，語彙性が高いわけでもないため，「と」だけを付加してすますことも，また，「と」を除去してしまうこともできず，結局，「(と)言う」を補わずして文法性を保つことができない。したがって，α型の「と」を直接引用だけを導くものと限定しようと，あるいは，間接引用も導くものとするならなおさら，「(と)言う」を補うか(省略するか)しなければ文として成り立たないということが分かる。
　ちなみに，前に提示した疑問文の間接引用(p.24を参照)の構造記述とその意味を観察すると，間接引用の「間接度」が高まれば高まるほど主文への埋め込みが深まり「と」が必要でなくなりさえするということが分かる。

（Ⅲ）内容→［…］ト（＋思ウ，言ウ，尋ネル）

　　(c)　［＋tense（ダロウなど）カ］（ドウカ）（ト）（＋尋ネル）

　　例：

　　　ⅰ）花子に明日も来ますか ｛＊φ／と｝ 尋ねた。

　　　ⅱ）花子に明日も来るか ｛φ／と｝ 尋ねた。

　　　ⅲ）花子に明日も来るかどうか ｛φ／？と｝ 尋ねた。

疑問文の間接話法であるⅱ)において「と」は完全に随意的であり，さらに，ⅲ)においてはむしろ筆者の判断では「と」は不要となり，更に主文への埋め込みが深まったものと見做せる。一方，(30)の引用句は「と」を必要としなくなるほど「間接度」(あるいは主文への従属度)が深いとはいえない。かえって，引用句「答えがわからない」の主文への埋め込みを次のようにさらに深めれば，「と」の付加は全く関係なくなってくる類いのものである。

(32) 先生は答えがわからなくて本を開いた。

この節では「と」の現れる環境をまず整理し，もっとも典型的な「〜と言ウ，思ウ」における「と」の扱いについて対立する見解を検討してきた。「と」を必須補語を導く格助詞と見做す奥津の立場，「と」をそれに先行する引用句を副詞句として標示するマーカーと見做す柴谷，藤田の立場，さらに，藤田の主張する「α型」「β型」の引用句の問題点を詳しく検討してきた。筆者は藤田の言う2通りの引用句を認めることはできないが，「〜と言ウ，思ウ」「〜を〜と言ウ，思ウ，呼ブ」などの構文に現れる「と」は必須の補語を標示するものであり，その意味で格助詞と見做していいと思う。しかし，一方，「誠一郎が『お早う』と入ってきた」というような(藤田の言う「α型」)引用句の後の「(と)言う」が省略され，その省略されたままの形で慣習化している現状を考えると，副詞句を標示するマーカーと捉えることも可能

であると今は思われる．したがって，このような紛らわしさを避けるため，今後の用語としては，単に，引用助詞「と」という名称を使用することにする．

3. 引用動詞について

　前節では引用助詞「と」の扱いを巡って，それを「格助詞」と捉えるか，あるいは「副詞的修飾」を機能させるものと捉えるか，その論点の違いを詳しく見た．とりわけ，問題となったのは「と」の後に典型的な引用動詞ではない述語が現れる，藤田の言う「α型」の引用形式であった．藤田は「引用」の本質は情態修飾であり，どんな種類の述語であれ，それがサマの抽象的側面を表わし，引用句はサマの具体的側面を表わすという立場を取っている．ここでは，「と」の機能は別にして，引用句を述語のほうからコントロールする，つまり，典型的な引用動詞にはどのようなものがあるのか検討する．藤田の言う「α型」(事態共存型)の引用句は，文脈的指示さえあれば，どんな環境にも生起できるが[6]，「β型」(単一事態型)の引用句はそれに続く引用動詞にとって必須補語に当たるようなものであり，それらの間には，何らかの文法的関係があるはずである．例えば，引用動詞が「聞く」であれば，それに先行する引用句は，当然，「質問」を意図したものであるはずだ．Kamada(1986)で検討した引用句そのものの表現，例えば間接引用，直接引用などの選択はどのような要因で起きるのか，という疑問にも何らかの手掛かりが得られるのではないだろうか．このような問題意識をもとに典型的な引用動詞の観察をここで行いたい．

　まず，極めて，常識的な分類をするとすれば，それは引用句を統語論的に区別し，それにしたがって引用動詞を類別するということになる．引用助詞「と」は原則的にどのような表現をも受け入れることができるので，ここで考えるべきことは，まず，日本語の文にはどのような種類のものがあるかということである．それらは，どの言語にも共通である次の4つに大別される

であろう。それに続く代表的な引用動詞もあげておく。

① 平叙文（declarative sentence）：
　　言う，述べる，伝える，思う，考える，気づく
② 疑問文（interrogative sentence）：
　　尋ねる，聞く，問う，疑う
③ 命令文（imperative sentence）：
　　命令する，頼む，依頼する，お願いする
④ 感嘆文（exclamatory sentence）：
　　びっくりする，嘆く，喚く，騒ぐ

当然ここで気づくことは，これらの統語的大別だけでは，引用動詞を分類しきれないということである。平叙文には否定文もある。疑問文には，レトリカルな疑問文もある。というように，むしろ，これら統語的形態よりこれらの文が含んでいる意味に目を向けるべきではないかということである。その意味で，近年の語用論（pragmatics）の発達には目を見張るものがあり，引用研究にも新しい視点からの問題の究明に光を与えている。語用論の概説をすることは本節の目的ではないが，引用動詞の分類にとって必要な基礎的なことを少々述べておきたい。

よく知られているようにAustin(1962)はその発話行為論(speech act theory)において，我々の発話は次の3つからなると提唱する[7]。

① locutionary act　（発語行為）
② illocutionary act　（発語内行為）
③ perlocutionary act　（発語媒介行為）

例えば，花子が太郎に「明日は来ないの？」と言ったとしよう。「発語行

為」というのは,「明日は来ないの」と発話するその行為そのものを指す。そして,その発語行為そのものに含まれ,その発話の場に応じて決定する意味,例えば単純に「来るか,来ないか」を尋ねるという「質問」,あるいは「明日は来ないの,どうして? 来ればいいのに」という「願望」など,発語行為そのものに含まれている意味(意図)を表わすことを「発語内行為」('illocutionary' の 'il' は 'in' のこと)という。さらに,(その発語内行為を内在する)発語行為を行うことによりある結果を導くことを発語媒介行為という('perlocutionary' の 'per' は 'by' のこと)。例えば,この場合「明日は来ないの」という花子の発語行為が「太郎に明日も来てほしい」という発語内行為を含んでいて,そのため,太郎が心を迷わせたとしたら,発語媒介行為は「太郎の心を迷わせた行為そのもの」ということになる。この一連の過程は次のような表現で表わすことができる。

(33) 花子が太郎に「明日は来ないの?」とかすかに期待したことが,太郎の決心を鈍らせた。
　　　　　⇔花子は太郎に「明日は来ないの?」(=発語行為)と自分の願望を述べること(=発話内行為)により,太郎の決心を迷わせた(=発語媒介行為)。

あるいは,「明日は来ないの」の意図が単なる「質問」で,太郎がそれに単純に答えたとすれば,

(34) 花子が太郎に「明日は来ないの?」と尋ねると,太郎は「いや,来るよ」と答えた。
　　　　　⇔花子は太郎に「明日は来ないの?」(=発語行為)と尋ねること(=発語内行為)で,太郎にその質問に答えさせた(=発語媒介行為)。

ということになる。

　ここで引用研究にとって大切なことは，多くの場合，発語行為(引用句内の表現)に内包される意図，つまり，発語内行為は引用動詞で明示されるということである。上例で「明日は来ないの」という引用句の意図がそれに続く述語動詞で決定されていることも今見たばかりである。また，動詞によっては遂行動詞(perfomative)と呼ばれる発語行為と発語内行為が一致したものもある。例えば，「再会を約束します」という表現は「再会を約束する」という発語行為と「約束する」という発語内行為が一致したものである。その他，「お詫びする，抗議する，忠告する，誓う」などがあり，それが現在形で，原則として主語が一人称として使われるかぎり，発語内行為は発語行為で示しているもの以外に存在しない。また，引用動詞の代表格である「言う」という動詞は，発語行為そのものを表現することしか機能を持たず，発話内行為を示すことは一切しない動詞である[8]。

　代表的な発語内行為として次のものを挙げ，それを明示する引用動詞をいくつか例示する。

① 主張 (assertion)　；〜と主張する，〜と言い張る，〜と断定する
② 質問 (question)　；〜と質問する，〜と尋ねる，〜と聞く，〜と伺う
③ 命令 (command)　；〜と命令する，〜と命ずる，〜と指示する
④ 要請 (request)　；〜と要請する，〜と請う，〜と頼む，〜と依頼する
⑤ 約束 (promise)　；〜と約束する，〜と誓う
⑥ 忠告 (advice)　；〜と忠告する，〜と注意する，〜と呼びかける，
　　　　　　　　　〜と勧める
⑦ 勧誘 (invitation)　；〜と勧誘する，〜と誘う
⑧ 申し出 (offer)　；〜と申し出る

　砂川(1988)は「〜と」か「〜こと」(あるいはそのいずれも)を導く節の間に

見られる違いを「場の二重性」という概念で説明しようと試み,「〜と」しかとらない動詞をここで述べた発話行為論の観点と引用句の表現上の様態から,次の4つに分類している。

① 音声的様態動詞　　；つぶやく,叫ぶ,喚く,怒鳴る,あえぐ,ささやく
② 発語媒介行為動詞　；脅迫する,説得する,中傷する,言いくるめる
③ 思い込み動詞　　　；錯覚する,思い違いする,思い込む,勘違いする
④ 判断動詞　　　　　；判断する,解釈する,見做す,直感する

例えば,「否定する」という動詞の場合であるが,それは次のように「と」も「こと」も取ることができる。

(35)　a. 太郎は花子には会わなかったと否定した。　　　（砂川(9a)）
　　　b. 太郎は花子に会ったことを否定した。　　　　　（砂川(9b)）

いずれも同じ内容のことが表現されているが,(a)と(b)の違いは前者が「太郎の発言内容」であり,後者は「太郎の否定的な態度が向けられる対象としての事柄」であり,この違いは引用句による「場の二重性」があるかないかによるという。つまり,(a)には場の二重性があるが,(b)にはそれがないということである。また,砂川(1989)においては「発語内行為のカテゴリーを特定する動詞は共起する引用句がどのような形式をとらねばならないかを決定する」という観点から,次の例に見られるような現象を説明している。

(36)　*早く帰れと述べた。　　　　　　　　　　　　　（砂川(31)）
(37)　*食事でもしませんかと命令した。　　　　　　　（砂川(33)）

(36)では引用動詞「述べる」が「述べ立て」の発語内行為を特定しているの

に，引用句がそれに相当しない「命令文」となっている故，非文法的になっている。(37)は逆に引用動詞が「命令」を発語内行為として特定しているにもかかわらず，引用句がそれに相当しない「勧誘」になっている故の非文法性を示している。

また，藤田(1986)は前節で述べた「β型」の引用動詞はそれに先行する引用句の特徴づけに応じて次のように分けられると考える。

① 発話などを外的・形式的に特徴づけるもの
　（発話過程の様子について，会話の流れの中での振る舞い方について，引用される発言についての話し手の評価）；
　　例：「～とふてぶてしい声を出す」「～と声をひそめる」「～と泣く」
　　　　「～とへらず口をたたく」
② 心の情態を特徴づけるもの；　例：「～と考える」「～と腹が立つ」
③ 発語内行為の観点からの特徴づけ；　例：「～と告げる」
④ 発語媒介行為の観点からの特徴づけ；　例：「～と(彼を)追いだす」

最後に，中園(1994)による直接引用句と間接引用句の間に見られるダイクシス変換と発語内行為との関係を扱った研究に触れておきたい。中園は次の例に見るように，ダイクシス変換は統語論的分析では全て説明できず，語用論の立場をとる遂行分析の説明を必要とするという。

(38) a. 太郎は「雨よ降れ」と言った。
　　　b.*太郎は雨が降るように言った。
(39) a. 太郎は「雨よ降れ」と祈った。
　　　b. 太郎は雨が降るように祈った。

中園によると，「～と言う」は一般に命令文を間接引用する表現「～にするよ

うに言う」(例えば「太郎は花子に来るように言った」)が可能であるのに,「雨よ降れ」という「祈願」を述べる文等を間接引用で表現することができない。しかし,遂行動詞である「祈る」を使うと,(39b)が示すように,それが可能になる。その理由は「祈る」という遂行動詞は「持続的な効果をもつ発話行為(Speech Acts with Continuous Effects)」を有していて,引用句が発せられる元の発話行為の効果があらたな伝達の時点でも効力を発しているため,ダイクシスの変換をおこしても元の発話の発語内行為が保持できると言う。一方,発語内行為と無関係の「言う」にはそのような効力がなく,「雨が降るように」という引用句に「祈願」の意味を持続させることができない,と言う。中園の研究については後ほどもう一度触れ,その問題点を指摘することになるが,いずれにせよ,引用動詞を発話行為論の立場から観察することには得るところが多いと思われる。

　本節では,発話分析の観点により,引用表現に含まれる発語内行為を表わす引用動詞の類別を検討した。しかし,だからといって,これらの引用動詞が先行する引用表現を完全に特定するというわけではない。特定されるのは発語内行為であって,発話行為そのものではない。例えば,次の例を見てみよう。

(40)　男性の伝達者がその奥さんの発話を周りにいる男性の同僚に報告している
　　　そうなんだよ,ほら,これ,わかめのぬたっちゅんだろ。これが食いたくてね,作れってっても,(a)このすみその具合が分から<u>ねえ</u>って言うんだよ,うちのやつは。　　　　　　　(「隣」)

下線部の「このすみその具合が分から<u>ねえ</u>」は明らかに男性のスタイルで,この伝達者の奥さん(女性)が実際にこのような話し方をするとは考えられない。しかし,この表現がこの場に「適切」(acceptable)であることは次のように,この伝達者が元々の表現に近い女性語を使用するとどうなるかを見ると

分かる。

(41) そうなんだよ、ほら、これ、わかめのぬたっちゅんだろ。これが食いたくてね、作れってっても、「このすみその具合が｜(a)？分からない<u>のよ</u>／(b)？分かんない<u>わ</u>｜って言うんだよ、うちのやつは。

(a)も(b)も(40a)の「分からねえ」という男性スタイルに相当する女性的表現であるが、どちらが使用されても、文全体に滑稽さが残り、その意味で「不適切」(unacceptable)な引用文と言えよう。後に詳しく観察するように、このような引用表現は実にたくさんある。この場合の引用動詞は「言う」、つまり、発語内行為を特定しないものである。もちろん、「…って言うんだよ」に含まれている「ニュアンス」とこのディスコースを包む「ニュアンス」がこのようなスタイルを生んでいると考えることは可能であり、筆者自身その立場をとっている。また、砂川も藤田も上述のごとく発語内行為を特定する引用動詞のみならず、引用句そのものの「外的様態」(砂川、藤田の①)を特定する引用動詞もこの類別に入れており、引用表現と引用動詞との共起関係をその内側(発語内行為)からも外側(表現形態)からも特定しようと試みている。しかし、砂川、藤田などは引用を元発話の表現・内容の「再現」という立場から引用動詞の類別を試みているのであり、この例が示すように、引用表現は再現ではなく新たな表現の「創造」であるという立場に立たないかぎり、このような事実は説明できないであろう。このことは、「なぜ引用がなされるのか」「引用の談話上の機能は何か」という質問とともに引用表現そのものの観察が必要であることを意味しているといえる。

　本章では、日本語の引用表現形態の観察のための序論として、「引用」と「話法」の違い、助詞「と」の扱い、「引用動詞」と「引用表現」の関係について筆者なりの見解を示し、日本語の引用分析の基盤作りを試みた。

注

1) 以下，データ末部にその出所を略語で示す。
2) 「～んだ(です)って」が一種のモダリティであることについては本書第3章，及び鎌田(1989)を参照。
3) 編集上のミスと思われるが寺村(30)には補語の内容が「内容→[…コト]」としか記載されていない。
4) 藤田は明確には述べていないが，述語が典型的引用動詞でない場合を「α型」と名付けているように，そちらのほうが典型的引用動詞を取る「β型」より基本的だと考えているようだ。
5) 砂川の「場の二重性」という概念は藤田のこの観察も拠り所にしているようだ。
6) 但し，引用助詞「と」に導かれる引用句が直接引用表現とか擬態語・擬声語的表現でなければならないということは前に指摘した通りである。
7) 山梨(1988)，柴谷(1988)が簡潔な日本語の語用論概説を提供している。
8) だからといって，「言う」が逐語的に全てを「再現する」という意味ではない。「言う」は逐語的再現を「言う」機能も，ある文法的プロセスを経た表現を「言う」機能も持っていることは言うまでもない。

第2章

引用句創造説
と
直接引用

　どの自然言語であれ,それが言語であるかぎり,言語によって言語に言及し,言語について語るというメタ言語機能がある。本章では,そのもっとも基本的な,ある言語行為に直接に言及する直接引用(Jakobson 1985: 96)を観察する。直接引用とは元発話をできるだけ忠実に再現するという認識が一般的であるが,直接引用句を注意深く観察すると,そのような元発話の再現を目指したものと,元発話から形態的にも内容的にもかけ離れた新たな表現を目指したものがあることが分かる。ここではまず引用とは,どの様な形態であれ,伝達の場が元発話の場に優先し,伝達の場における伝達者の意図によってその形態が作り出されるという「引用句創造説」を唱える。そして,その主張に基づいて直接引用を観察し,その特徴を探る。なお,序章「伝達のからくりと引用表現」で述べたことは本章の「導入」にもあたり,同時にまた,「引用句創造説」を支える非常に大切な引用現象も提供しているので,本章とともにぜひ参照されることを望む。

1. 引用句創造説

　一般に直接引用とは元々の話者の発話をそのままの形で伝えるものであると思われている。その極端な形として，"quotation as verbatim reproduction"（引用とは元の発話を完全に復元して伝えること。以下「引用句復元説」と呼ぶ）という考えがあるが，実際の言語活動においてそのようなことが不可能であることは一目瞭然である。自分自身の発話でさえ，つい1分前に言ったことをもう一度繰り返すことに困難を感じるのは筆者だけではあるまい。Clark and Gerrig(1990) は，引用句復元説を否定したうえで，直接引用とは，むしろ，元発話の一種のデモンストレーションであり，例示による説明であると主張する。例えば，あるテニスファンがジョン・マッケンローがどのようなサーブをするかを仲間に説明するのにジェスチャーを用いて説明するのと，言語における直接引用とは同じであるという。誰人もジョン・マッケンローと同じ人物になれるのではなく，従って，全く同じサーブを繰り返すことは出来ないが，演技・例示はできる。直接引用においても全く同じ表現を再び繰り返すことは出来ないが，元の発話の特徴を演技・例示はできると言う。Clark and Gerrig(1990) は次の例をあげてこのことを説明する。Gemmill というスコットランド人がロンドンを訪れた経験を自分の娘に話している光景である。

（1）　so we're stauning (i.e. standing), looking at this, when this wuman came along and said, what were we looking for, and we're looking for somewhaur to stay the night, 'Where do you come fae?' 'Scotland,' ' You're no feart of coming here withoot somewhere to stay,' so she gi'en us half a dozen addresses

　　　　　　　(Clark & Gerrig(16), taken from Macaulay, 1987.)
　　　（そこで，まあ，つっ立ってて，この，まあ，見てると，ある婦人がやってき

て，何か探してはるのんかって，どこか泊まるとこ探しているんやってと，「どこから来はったん？」言うて，「スコットランド」っちゅうと，「泊まるとこもないのにやって来るなんてえらい度胸がありますねんね」って，それで住所を6つばかりもくれはったってこと．訳注：スコットランド方言を関西弁風に見立てての翻訳）

ここで Gemmill は "this wuman" の述べたことを直接引用しているが，そこには彼女の持つロンドン訛りの類似は全くない．むしろ，あるのは彼女の持つ「馴れ馴れしさ」（"friendly behaviour"）がデモンストレートされているという．従って，ロンドン訛りではなく "friendly behaviour" を "mark"（標示）することで，この直接引用が成り立っている．つまり，どのような言語表現が直接引用されようと，そこには元々の表現の完全な再現があるのではなく，元々の表現がどのようなものであるかというデモンストレーションがなされ，そのデモンストレーションは元々の表現のある特徴を "mark"（標示）し，それを "depict"（描写）することで伝達行為を成り立たせるという．これが Clark & Gerrig の "markedness theory"（標示理論）である．

確かに，関西弁による日本語訳が示すように，このようなことは日本語に限らずどの様な言語でも，あるいは，方言でもあるであろう．次の例は前章でも見たが，これも引用句復元説が正しくないことをさらに証明する．大変興味深いデータでもあり，また，前章をとばして本章から読み始めた読者もいるであろうから，ここにもう一度提示する．ここでは男性の伝達者がその奥さんの発話を周りにいる同僚の男性に報告している[1]．

(2) 　　そうなんだよ，ほら，これ，わかめのぬたっちゅんだろ．これが食いたくてね，作れってっても，(a)このすみその具合が<u>分からねえ</u>って言うんだよ，うちのやつは．　　　　　　　　（「隣」）

下線部の「このすみその具合が分からねえ」は明らかに男性のスタイルで，この伝達者の奥さん(女性)が実際にこのような話し方をするとは考えられない。しかし，この表現がこの場には「適切」であることは次のように，この伝達者が元々の表現に近い女性語を使用するとどうなるかを見ると分かる。

（3）　そうなんだよ，ほら，これ，わかめのぬたっちゅんだろ。これが食いたくてね，作れってっても，このすみその具合が
　　　　　⎰(a) ?分からないのよ
　　　　　⎱(b) ?分かんないわ
　　　って言うんだよ，うちのやつは。

　(3a)も(3b)も(2a)の「分からねえ」という男性スタイルに相当する女性的表現であるが，どちらが使用されても，文全体に滑稽さが残り，その意味で「不適切」な引用文と言えよう。Clark & Gerrigの理論に従えば「力強い拒否感」がマークされた直接話法表現ということにでもなろう。この例とClark & Gerrigの(1)の例との共通点は，伝達者が自分自身の言語レジスターを変えないで，直接引用表現[2]を行っているということである。つまり，(1)では元々の話者がロンドン訛りを持つ話者であるにもかかわらず，スコットランド方言でその伝達を行ったという点，(2)では元々の話者が女性であるにも関わらず，自分自身の男性語で伝達を行ったという点である。
　このようなことは程度の差こそあれ，書きことば(に導入される話しことば)の場合にも極めて日常的な言語現象として観察される。次に新聞記事における面白い例を2つ見てみる。

（4）　杞川社長は「藤原君は…会社にはいる前からアルバイトで時々手伝っていてくれた。おとなしかったが，やさしい感じのいい子やっ

た。四人とも仕事は<u>ようやる</u>し，正義感が強かったのが，こんなことになるとは」と話していた。

(朝日新聞 1993.11.12 下線筆者)

(5) ロサンゼルスにおける日本人留学生射殺事件について
「日本人だってんで，警察は躍起になって，おれたちんとこ来て，『おい，<u>お前だろう</u>』って，だれ彼なしに聞いて回ってね」と(黒人の)フロッギー君(19)。　　(朝日新聞 1994.4.4 下線筆者)

(4)では「やった」や「ようやる」という極めて特徴的な関西弁表現を挿入することで「杞川社長」が関西弁を話したということを特徴づけてはいるが，この文全体のレジスターは書き言葉，標準語のモードに則ったもので，完全な関西弁表現とはなっていない。なぜなら，さらに忠実な関西弁表現としては「藤原君は…時々手伝うてくれてましてん。…」等の修正も必要になるからである。(5)の場合は，元々の話者が多分話したであろう黒人英語の雰囲気を出すためにわざと乱暴な日本語表現を使用している。しかし，これにしても日本語というコードを変えることなく，その上に，「黒人英語的」言い回しを模倣した表現となっている[3]。つまり，これまで見たどの例も伝達者自身の発話レジスターを保持したうえでの，元々のメッセージの「模倣演技」である。ところが，次の例はそのような「模倣演技論」では説明のつかない現象を提示し，実は直接話法が「模倣」を越えた「創造」の産物であることを示す。なお，本章以下における自然発話からのデータに引用符「」があるのは筆者自身が独自でそれを直接引用句と見做したものであることを示す。

(6) ある大学総長(60歳前半，男性)が国から表彰され，その大学の教職員による祝賀会で述べた本人のスピーチ
まあ，「お前ようやってきた，ほめてやるぞ」というようなことでこの賞を頂いたのですが…

伝達者である大学総長は国の役人からの表彰の言葉を「お前，ようやってきた，ほめてやるぞ」という表現で引用したのであるが，実際にこのように，元々の話者，つまり国の役人がこの総長を褒め，それを，伝達者であるこの総長がそのままの形で再現したとは考えられない。形態的には明らかに元々の話者の視点，また，「…やるぞ」という元々の話者のモダリティを強く残した，つまり，直接話法に違いはないが，伝達者であるこのスピーチの本人の視点を経た，非常に屈折した引用と言えよう。
　この場合，もし，出来るかぎり忠実な再現がなされたとすれば，どうなるであろうか。

（7）?「あなたは長年にわたり，私立大学の育成に多大なる功労をつくされましたので，ここにその功績を賛え，藍綬褒賞を授与します。」というようなことでこの賞を頂いたのですが…

という表現にでもなるだろうが，これも，この場における伝達表現としては不適切である。もし，そのような「再現」を行ったとすれば，「あからさまな自慢」をしているという印象を参加者に与えることで，顰蹙(ひんしゅく)を買うことが避けられない。Clark & Gerrig の "markedness principle" にしたがっても，(6)のような直接話法表現において何がマークされるのかというと，せいぜい，伝達者の持つ「謙虚さ」，あるいは「親しみ」とでもいうことになろうが，いずれにしても，それは元々の話者の特徴を模倣演技するものではないばかりでなく，また，伝達者自身のレジスターを保持したものでもなく，むしろ伝達者自身が新たに作り出した表現スタイルであることに注目しなければならない[4]。つまり，もし，国からの役人がこの場にいたらおそらくこのような特徴を持った話をするだろうという「模倣」論，すなわち，直接引用を元発話の再現と考える立場は，基本的に，もし元話者がその伝達の場にいたらこう言うであろうという前提に立った考え方であり，それでは到底説明

できない表現方法と言える。逆説的に言うと，もし国の役人がこの伝達の場にいたら，このようには伝達しないで，むしろ，元発話に近い表現を用いるとさえ考えられる。元の発話者がいないからこそ，つまり，元の発話者の「模倣・演技」を全く目的としていない直接引用というものがここでなされているのである。このことは，直接話法というものが，「直接話法スタイル」とでもいうべきレトリカルな要素を含む，新たに「創造」される表現であることをはっきりと示す。

　このような「創造」を如実に表す直接話法表現の例をいくつかあげる。

（８）　(伝達者：30歳半ばの女性)
　　　「お前は(外国に)長くいすぎて日本に帰れない精神構造になっている」という感じのことをみんなに言われているんです。
（９）　(伝達者：30歳半ばの女性)
　　　(子供のころ私は)「お前は下品だ」とおばあちゃんに言われどうしでした。
（10）　テレビ座談会における自然な発話
　　　とにかく，母親は，「あの安い公務員の月給でお前を教育してるんだ，してるんだ」って一生懸命言いきかしていると思うんですよね。
（11）　テレビ座談会における自然な発話
　　　なださん，そういうふうに「お前のために，お前のために」って言われたら子供は嫌で離れていくんじゃないですか？

　これらの例はすべて「お前」という呼称を用いることで何らかの表現効果をもたらしたものである。「日本語大辞典」(講談社)によると，「お前」は「(もとは敬称)『きみ』の親しい，またはぞんざいな言い方。」とある。それにしたがうと，これらの例における「お前」は「親近感」，「ぞんざいさ」を出すた

めの使用と考えられる。あるいは(6)では祝賀パーティーの席で自分の功績を自慢するのではなく，地位の低いものが身に余る栄誉を受けたという意味合いを持たそうとしたとも考えられる。

興味深いことに，「お前」という呼称だけではなく，次のような呼称の使われ方にも注目されたい。

(12) テレビ座談会
　　　で，「俺はもうだめなんだ」と，「母ちゃん頼むよ」と言ってしまえばね，それでもう自分が弱くなったんだという看板を出してしまえば，これほど楽なことはないんですよね。

(13) テレビインタビューにおける医師の発話
　　　あのう自分が何月何日に医者にかかったということが分かる。…自分が何の薬を飲んでるか，本人が分かんない，そういうときにはここで全部整理してあげて，「あなたは，今こういう薬を飲んでますよ。」っていうようなことが分かるようにしてあげる。

(12)では「俺」とか「母ちゃん」という呼称が使われているが，この伝達者が自分の家庭でそのような呼称を使うかどうかは定かでないし，また，それが問題なのではなく，この話者はそのような雰囲気を作り上げるために「俺」とか「母ちゃん」という呼称を選んだといえよう。(13)は医師である話者が一般的な患者を想定し「あなた」という呼称を選んだ例である。

日本語における呼称，代名詞の選択は社会言語学的に大変興味深い問題を含んでいる。一体聞き手にどのように呼びかけるのか，話し手自身にどう言及するのか，第三者にどう言及するのか，という選択は話し手自身の聞き手／第三者との関係に対する「態度表明」を表すことになり，日本語学習者のみならず母語者をも悩ます問題である[5]。またこのような「態度表明」は呼称，代名詞の選択に限ったものではなく，次に見る授受動詞，命令形などの

選択にも顕著に現われてくる。というより，いわゆる「待遇表現」全体に関わる問題であると言える。

(14) 筆者の友人の言葉(小田実がこのホテルを要求したことを伝達している)
　　　「ここに泊めろ」と言ったので(ここを予約しました)。
(15) テレビドラマ(主人が奥さんに新築の自宅に招待した同僚の言葉を伝達している)
　　　おい，もういいだろう，「飲む前になあ，部屋の中見せろ」って，聞かないんだよ。　　　　　　　　　　　　　　　　　(「隣」)
(16) 男子大学生の間の会話
　　　(君に)「今日中に電話をしてくれ」って先生がおっしゃってたよ。
　　　(君＝聞き手)　　　　　　　　　　　　　　　　　(「中級」)
(17) テレビドラマ(初老の女性友達の会話)
　　　H：それでいつまでいるつもりなの，ここに。
　　　K：うん，さあねえ，要の嫁も「いたいだけいてくれ」って言ってくれてんのよ。　　　　　　　　　　　　　　　　　(「隣」)

　いずれの例も元々の話者がおそらくそのようには言わなかったにもかかわらず，その伝達の場での社会言語学的要因のためにそのスタイルの選択が行われたと言えよう。(14)では小田実が筆者の友人に「ぜひここに泊めてください」とか「ここなら泊まってもいいですよ」とかあるいは，「ここが気に入ってるんだよ」とかの発言をしたと思われるが，この伝達者(筆者の友人)は「ここに泊めろ」という目上から目下に向けて使われる強い命令形を用いている。(15)，(16)，(17)の場合も伝達の場における社会言語学的要因が元々のメッセージを取り巻いた社会言語学的要因に打ち勝ち，新たな直接話法表現が創造されたといえる[6]。もちろん，Clark and Gerrig(1990)が主張するような模倣・演技を伴った直接引用もある。しかし，それは伝達の場における伝達者の判断でその方法が選ばれるという，伝達者がそのほうが伝達の場

により適していると判断した結果の言語行動であるので，直接引用すべてを「演技・模倣説」で説明することはできない。

これまでの引用表現を観察して気づくことは，これらの表現には対応する（つまり，引用される）元々の発話が真に存在しているのかという疑問である。次の例を見てみよう。

(18) 筆者の自宅食卓でみかんを食べる筆者のそばでよだれを垂らしている愛犬ジェフリーを見て，筆者の妻が
修さん、ジェフリーが僕にもみかんちょうだいよってゆうてるわよ。
(19) 童謡
裏の小枝で鶯が春が来たよと歌います，ホッホ，ホケキョ，ホッホケキョ

どちらの例も元々の発話が言語表現としてではなく，ある意味を持った動物的メッセージとして存在しているという興味深い場面を示している。そして，それを伝達の場に持ち込んで，言語表現化したものが傍点部の表現である。しかし，これらはけっして特殊な例というのではなく，むしろ，極めて日常的に観察される引用表現であると言える。引用である以上，引用の対象となる元々のメッセージはあるし，なければ引用という行為は生まれないことになる。しかし，それが発話(や思考)としての文形態を取っているかどうかは二次的なことであり，引用表現とはこのように伝達の場で伝達者によって創作されるということをはっきりと示しているのである。したがって，これまでの観察から次の仮説を立てることが可能となる。

(A) 仮説：引用句創造説
日本語の引用表現は，元々のメッセージを新たな伝達の場にお

いてどのように表現したいかという伝達者の表現意図に応じて決まる。

なお，元々のメッセージとは心内，心外に限らず言語表現化されたものもあれば，言語表現化されていないものもある。以後，そのどちらをも含有する用語として「元発話(オリジナルメッセージ)」という表現を用いる。さらに，この仮説には次のような帰結が伴う。

帰結：
(a) 直接引用であれ，間接引用であれ，元発話とかけ離れた引用を行うか，元発話を再現するような引用を行うかは，伝達の場における伝達者の意図によって決まる。
(b) 直接引用であれ，間接引用であれ，伝達の場への適合を無視することはできない。
(c) 伝達の場を構成するのは話し手，聞き手，言及を受ける第三者，ダイクシス，及びソーシャルダイクシスであり，引用表現はそれらの相互関係を伝達者の意図に応じて調整した結果の産物である。

このように引用句を捉えるのは，日本語が「ナル志向」(池上 1981，寺村 1976)あるいは「場面志向」(Hinds, 1986)の言語であることからも，納得が行くだけでなく，Tannen(1986, 1989)の言う，引用とは "Constructed Dialogue" であるという主張とも一致する。

 'direct' quotation is really a 'constructed dialogue,' that is, primarily the creation of the speaker rather than the party quoted." (1989: 99)
 ('直接'引用とは実際は'造られた対話'(constructed dialogue)である。つまり，それは引用される側というより，専ら話し手による創造物なのである。)

しかし，このように直接引用は元発話を「演技」(つまり，模倣)するものという以上に新たな「対話の創造」であると捉えることは，決して，引用句に元の発話を再現しようとする機能がないというのではない。再現しようとすることも，話し手の「対話の創造」の中に含まれているということを念を押しておきたい。双子の例えを利用するならば，元発話との類似を目指した直接引用は「一卵性直接引用」と言えるであろうし，一方，元発話との類似を目指さない直接引用は「二卵性直接引用」と名付けることができよう。「一卵性」の場合はもちろんのことだが「二卵性」においても，元発話との何らかの繋がりはなければならない。そうでなければ「引用」とは言えない。

元発話と引用表現とのつながりが何であるかを，今ここで厳密に定めることは困難である。「命題」であろうか？しかし，「二卵性直接引用」の場合，例(6)，あるいは(14)で見たように，一般に信じられている「間接話法から元発話を再現することはできないが，直接話法からはそれが可能である」という推論は全く通用しない[7]。

(6) まあ，「お前ようやってきた，ほめてやるぞ」というようなことでこの賞をいただいたのですが…

↓

(6') ??「お前は私立大学育成のために身を粉にしてよく働いてきたから，ほめてやる。自慢していいぞ。」と…

(7) ??「あなたは長年にわたり，私立大学の育成に多大なる功労を尽されましたので，ここにその功績を賛え，藍綬紋章を授与します。」と…

(14) 「ここに泊めろ」と言ったので(ここを予約しました)。

↓

(14') ??「ぜひここに泊めて下さい」と…
(14") ??「ここなら泊まってもいいですよ」と…

(14‴) ??「ここが気に入ってるんだよ」と…

　むしろ，元発話の持つ発語内行為(illocutionary act)の共有と考えられるのではなかろうか。(6)においては「讃め」(praise)，(7)においては「命令」(command)という発語内行為を，元発話にそれが真に存在していたかは別にして(なぜなら，嘘の伝達を行うことは可能であるから)，元発話から「引いてくる」ということになるのではなかろうか。この点は語用論(Grice, 1975)や，近年とみに注目をあびている認知言語学，関連性理論などによるさらなる研究が必要な分野であると思われるが，ここでは一応，元発話に含まれる「意図」の共有という大ざっぱな表現で締めくくっておきたい[8]。しかし，繰り返し念を押しておきたいのは元発話の持つ「意図」が何であるかを理解するのは，その発話の聞き手，つまり，引用を行う伝達者ということである。そして，その「意図」をどう表現するかは伝達者の伝達の場における「表現意図」によって決まる，というのが「引用句創造説」の根本と言えよう。

2. 直接引用句

　前節では直接引用句を詳しく観察すると，元発話の模倣を目指さない引用表現があることが分かった。元発話の再現を目指すものは元発話と直接引用句とができるだけ類似していることが重要な要素であることからそれを「一卵性直接引用句」と名付けることができるであろうし，一方，元発話との類似，模倣を目指さない直接引用表現は「二卵性直接引用句」と呼ぶことができよう[9]。しかし，一卵性であろうと，二卵性であろうと，直接引用句であることに変わりない。その上，伝達者は同じであり，伝達者は何らかの原理にもとづいて，その選択を行い，何らかの原理に基づいて直接引用表現を生成しているはずである。また，引用が「創造」であるからと言って，伝達者

が全く勝手な表現で伝達行為を行うというわけではない。日本語による伝達行為である以上，日本語のルールに則したものでなければならない。どの様に直接引用表現が生成されるのか，このことに関する我々の知識は非常に限られている。実際，このような観点で日本語の直接引用を扱った研究は非常に少ないように思う。ここでは，このような問題に取り組むべき第一歩として，直接引用句が実際どの様な形態を取っているのか，伝達者，聞き手，元発話の話し手など，直示要素のはっきりした談話資料をデータにして，何らかの法則を見つけだしたい。

なお，以後次のように用語を使用する。

「伝達者」＝文全体の話者（「私，僕，私達」などの第一人称詞）
「元話者」＝引用句の元の発話者
　　　　　　（伝達者と同じ場合もあればそうでない場合もある）
「元聞き手」＝元発話の聞き手
　　　　　　（伝達者が自分に話しかけない限り，伝達者以外）

2.1 直接引用句の形態

2.1.1 新たな「発話」を成立させるもの

直接引用句を観察するに際し，もう一度はっきりさせておきたいことがある。それは，一卵性直接引用句であろうと，二卵性直接引用句であろうと，元発話との類似性を除けばいずれも直接引用句であるということである。元発話が真に存在するかどうかも別問題であり[10]，また，元発話との類似性も二次的な要因であるが，直接話法の根本はというと，それは次のようにまとめることができよう。

直接話法：
　直接話法とは存在するであろう元発話をきっかけとして伝達者が伝達上の表現意図を独立した発話らしい発話として表現することである[11]。

しかし，直接話法表現はたとえ独立した発話らしい発話であっても伝達表現として主文に埋め込まれている以上，何らかの文法的制約を受けるであろうし，と同時に，それが直接引用句であるという標示[12]も行われるはずである。そして，その意味で独立した発話らしくなればなるほど，直接引用化の度合いの高い引用であると判断されることになる。元発話の存在が保証されていない状態で，元発話に基づいた独立した発話らしい表現を作るというのは矛盾した言い方かもしれないが，決してそうではない。なぜなら，直接話法とは元発話のようなものを創造するものだからである。つまり，我々が無意識のうちに「これが発話だ」と判断する「発話」というものを創造するわけである。したがって，ここで考えなければならないのは「発話」とは何かということになるが，それは「不完全文」から「独立した完全文」に至るまでの様々な表現形態と考えられよう。そして，そこに「発話」を「発話」たらしめる，発話者の「声(ヴォイス)」(広い意味での「モダリティ」)とも言うべき表現行為が存在することであろう[13]。このように考えると，引用句としての「発話」の形成には次の4つの要素が不可欠となろう。

引用句としての発話を形成する要件
① 元話者を取り巻く場（真に存在するか否かは別問題）
② 元発話の表現形態と意図（真に存在するか否かは別問題）
③ 伝達者を取り巻く場
④ 伝達者の伝達の場における伝達意図と表現形態

発話，伝達の「場」とは，他の言葉ではコンテクストとも言える。「場・コンテクスト」をどの様に規定するかは研究姿勢によって異なるが，ここではダイクシス(deixis)を基本に据えた発話場面として考え，Lyons(1977)やFillmore(1975, 1997)など'deixis'を広く捉えた定義を採用する。次はFillmore(1997: 61)の'deixis'規定である。

Deixis is the name given to those formal properties of utterances which are determined by, and which are interpreted by knowing, certain aspects of the communication act in which the utterances in question can play a role.

（ダイクシスとは，ある発話がどのような役割を果たすかを，関与するコミュニケーション行為の側面を知ることによって決定づけたり解釈したりする発話の形式的特性に与えられた名称である。）

そして，このように規定したダイクシスは次の5つの部分からなるという。

① person deixis:
  the identity of the interlocutors in a communication situation
  （人称ダイクシス：コミュニケーション場面における対話者の識別）
② place deixis:
  the place or places in which these individuals are located
  （場所ダイクシス：会話関与者が位置づけられている場所）
③ time deixis:
  the time at which the communication act takes place
  （時間ダイクシス：コミュニケーション行為が起きる時間）
④ discourse deixis:
  the matrix of linguistic material within which the utterance has a role, that is, the preceding and following parts of the discourse
  （談話ダイクシス：発話がある役割を持つ言語材料のマトリックス，つまり，談話に先行する，あるいは継続する部分）[14]
⑤ social deixis:
  the social relationships on the part of the participants in the conversation, that determine, for example, the choice of honorific or po-

lite or intimate or insulting speech levels, etc.
(ソーシャルダイクシス：会話参与者にかぶさった社会的関係，例えば，敬語，丁寧語，親密語，侮辱表現などのスピーチレベルの選択を決定するもの)

　日本語の直接引用句でとりわけ重要となるのは，最後の「ソーシャル・ダイクシス」であろう。日本語では，(a)年令差(大人同士，大人と子供，子供同士など)，(b)社会的地位(目上，目下，ウチ，ソトの関係など)，(c)性別(男女，あるいは同性間)などの要素に加えて，「親密度」(あるいは共感，"empathy")の度合い，(d)Kamio(1979), 神尾(1990)のいう「情報のなわ張り」(広い意味では「ウチ／ソト」の範疇)等が，その要因となり，具体的には次のような文法事項の選択に影響を与えることになる。

（a）呼称・人称代名詞の選択：
　　　ご主人，奥さん，先輩，お前，君，田中，彼女，社長，先生，等
（b）待遇表現：
　　　丁寧体・普通体（「です，ます，だ，である」）の選択，
　　　尊敬体・謙譲体（「お〜なさる，お〜いたす，〜される」），
（c）授受表現：
　　　「〜てくれる，〜てやる」など
（d）使役，受け身，命令など：
　　　〜させてもらう，〜される，〜しろ，〜して！，〜するように！，〜から(って)，等
（e）方言：
　　　地域方言，職業方言，男性・女性方言，老人・社会人・若者・子供方言，等

　伝達の場における新たな発話の場の確立と発話の創造にはこれらダイクシ

スが重要な役割を演じるが，もちろんそれで全てというわけではない。例えば，元発話の話者が伝達の場にいるかいないか(それが，対話者としてであろうと，あるいは単なる傍観者であろうと)ということが，直接引用句の表現に影響を及ぼすことは，すでに見た通りである。また，これらの要素が総合的に結集して，新たなる発話が生まれると考えられるが，それと他の引用形式(間接引用句等)との統語的，意味的違いをどう記述すべきか，それについては，第3～5章で述べたい。ただ，ここで「独立した完全文」を導く直接引用句の構造は仁田(1991)にしたがって，次のように記しておくことは無駄ではなかろう。

直接引用句 ＝ 命題 ＋ モダリティ（言表態度 ＋ 丁寧さ）

直接引用句が「独立した不完全文」をも導くことがあることは言うまでもなく，それはこの構造にはあてはまらないが，それであっても，「声」は存在する。

実際の発話データから直接引用句がどの様に作られているかを次に観察する。

2.2 直接引用句の生成

直接引用は伝達の場に新たな(元)発話を持ち込むことであり，その操作を可能にするために，あるいはそれが新たな発話であるということを標示するために，前節で検討したソーシャルダイクシスなどが頻繁に使われることに気づく。それは，大きく分けて(1)劇的効果をもたらす表現を使う，(2)パターンを利用した引用句作り，等の手法が取られるようである。次にそれらについて，例をあげながら検討していきたい。

2.2.1 効果的な場作り：劇的効果をもたらす表現手法

　前にも述べたように直接引用は伝達の場に新たな発話を取り込む言語行為であるが，そのためには効果的な発話創作をなさねばならない。新たな発話が直接引用句として認識されるためには，新たな発話の場を作る必要がある。その方法のひとつが劇的効果をもたらす表現手法ということになる。まず，新たな発話の場がこれから取り込まれるという標示を示す手段，つまり，引用句を地の文と切り離す最初の手だては，引用句を始める前に，少し，ポーズを置くこと。それから，間投詞等を用いて，新たな発話を始めること，等がある。例を見てみよう。

直接引用開始の標示

(20) 　カルーセル：「50 よ」つって，「うそー」なんて言ってね，そいで，下，客席下りて行きますでしょ，そうすると，女の方でも男性の方でもね，(ポーズ)「<u>あ</u>，同級生だろ，午年だろ」なんて言って…　　　　　　　　　　　　　　　　　　　　　　　　（「徹子」）

(21) 　この前，パーティーでお会いしたら，(ポーズ)「<u>いや</u>，もうこれっきりです」ってずいぶん念を押されていたんで，　　　（「日曜」）

　この類いはさらに，「あ，〜」「ほら，〜」など発話を始めるための間投詞が頻繁に使われる。また，間投詞があれば，むしろポーズがあるのかないのか定かでない場合もある。

(22) 　三国連太郎：ないですね。で，「そこで芝居でやってくれ」ったって，芝居がなかなか思いつかないもんだから，立ち小便を思いついて。えー，テストの時にやったら，「<u>そりゃあ</u>，<u>連ちゃん</u>，ちょっとよこしまだ」って言われまして（笑）。でも，そん時の3日間撮影休んで監督と話し合いましたからですねえ。　　　　　（「日曜」）

ここでは,「そりゃあ」という「それは」が口語化し,縮約化した表現が使われているが,これも間投詞的な働きをしており,直接引用句の開始を標示していることに違いない。それに続く「連ちゃん」と,人名(元発話の聞き手)を登場させる場合も多い。また,興味深いことに,英語の場合でも,直接引用を始めるときには日本語と同じような手段がよく取られる[15]。

(23) Tom：Well, I did get a phonecall from him. It was right in the middle of the party and I had a hard time hearing, but when I answered it, he went, "<u>Look</u>, <u>Tom</u>, the project you guys are working on is not going well and ..."

また,Dubois(1989)は英語の疑似引用(pseudo-quotation)は "Hey, ..." という間投詞で標示されるのが普通だと報告している。

ソーシャルダイクシスの活用

一旦,直接引用開始の標示が終わると,さらに,新しい発話の場を導入する手段として頻繁に活用されるのはソーシャルダイクシスである。まず,人称詞・呼称詞の例を見てみよう。

・人称詞・呼称詞使用による場作り

(24) 加山：それであとになってからですね,「<u>お前</u>は,この,ずっと前の,あの小学校の頃,あれ,これ,(指で目のあざを示す)あれはつけてたけど殴られたんだろう」って「ちゃんと<u>お母さん</u>,分かってたんだけどさ」ってゆったこともあるんですね。　(「徹子」)

(25) 加山：(中学の先生が)「<u>君</u>,あのう,大変だな,いろいろと,こう,あれ,いじめられたりしないか」ってちょっと声かけてくれるんですよ。「いや,大丈夫ですよ,<u>僕</u>は」つって,　(「徹子」)

(26) 三浦雄一郎：(北海道知事立候補について)「あいつちょっとおかしいんじゃないか」と言われても仕方がないんですが…

(テレビインタビュー)

(27) 三国：…内田とむさんなんて，朝8時，9時開始で，朝，ちょっと早めに行ってみると，スタッフルームにですね，もう美術の助手から照明から全部，助監督全部集めてですね，「お前だったら今日どう撮るんだ」というふうな質問をみんな投げかけるんですよね。んで，「そうか，んー，俺はちょっと考え方が違うな」っていうようなことで，1時間こうやってですね。　　　　（「日曜」）

以前にも観察したように，直接引用で使用される人称詞，呼称詞は実際の元発話の話者が使用するという保証がない。むしろ，直接引用句のみに使用されるという可能性が高いものが多い。例えば(26)の「あいつ」というのは一般大衆がこの話者に言及するときにこのように言及するであろうという想定に基づいての選択である。「お前，俺，あなた，あんた，君，私，あたし」等々，社会言語学的重みのある人称詞が豊富に使用され，新たな発話の場を作り上げるのである。

・待遇表現，男性語，女性語，終助詞などによる場作り
[スタイル顕示表現[16]]

(28) 橋田：とにかく，母親は「あの安い公務員の月給でお前を教育してるんだ，してるんだ」って一生懸命言いきかしていると思うんですよね。…だから「母親は，ああ，俺のためにあれだけ苦労してとうとう家も建てないで全部俺に注ぎ込んでくれた」っていう…

（「隣」）

(29) なだ：…で，僕なんかうちにいるでしょ。ゴロゴロいるとね，「父親が汗水たらして働いて」なんてね，母親が言ってもね，「汗水た

らして働いているもんかあ」って,「ぐうたらゴロゴロしてるじゃないか」って…。そういうところが見えちゃうんですからね。見えたら,あれは子供もそんな尊敬しませんよね。「だめな親父だなあ」なんて言って,「今日も書けないの」なんちゃって。

(テレビ座談会)

「スタイル顕示表現」という用語がこのような直接引用表現を説明するのに本当に適切なものかどうかは定かではない。しかし,筆者がここで言いたいことは,これらの表現スタイルによって伝達者が地の文とは明らかに違う新たなテクストをあたかもシナリオライターのごとく創りあげ臨場感を出しているということである。

[です／ます]

(30) 池内：それ,3日間やって妥協点はなかったんですか。妥協点と言っちゃおかしいですけど。
三国：結局,僕は下がったんです。
池内：「じゃ,やめます」と。
三国：はい,「やめます」と言ったんです。で,「他の方法を考えさせてくれ」と言って,えー,

(「日曜」)

この例は三国が自分自身の発言を言う前に聞き手の池内が先回りをして,「「じゃ,やめます」」と,言ってしまっているが,面白いことに,「やめます」という,いわゆる「マス形」を提供し,それを三国が受け入れているのである。つまり,ここでは,話し手にも,聞き手にも当然「直接引用」が用いられるものだと認識されていることを示し,日本語の談話規則の興味深い一面をのぞかせている。なぜ,「やめる」ではないのか,その法則については,後ほど触れたい。もう2つ「です・ます」の例を見てみよう。

(31) 三国：…あのう，なんか，こう，「心臓にどき，こう，ときめきを感じるような音をだす人いない<u>でしょうか</u>」って，き，あのー，録音にきいたらば，「じゃ，やすかずさんって人はどうか」って言うんで，
(「日曜」)

(32) 徹子：親方(元高見山)に「大和撫子って何<u>ですか</u>」って聞いたら，「うちの奥さんみたいだよ」っておっしゃるでしょうけど…
(「徹子」)

[男性語・女性語]

(33) 玉三郎：でも，ぜひ，あのお勧めします。徹子さん，きっと，「もう，<u>わたし</u>，ああいうところがいい<u>わ</u>」っておっしゃると思いますよ。
(「徹子」)

(34) 三国：…あの，今井さんでもワンカット撮るのにね，1月かかったですね。あのー，さっちゃん先生なんかでも，あれですね，もう，んー，夜，酒飲むともう，昼間の鬱憤が出ましてね，「バカヤロー，三国なんかの言うこと<u>聞くなー</u>」なんて，お酒の勢いでしゃべって，助監督と話してるのがありましたし。
(「日曜」)

[終助詞]

(35) 徹子：お忙しくなさってるそうですが，美川憲一さんが「あんた1曲もヒット曲がないのに（カルーセル：この辺りから笑う）よく，そう，この不景気に仕事がある<u>わねえ</u>」っておっしゃるほどお仕事がちゃんとあるそうでいらっしゃいまして，何よりでございます。
(「徹子」)

(36) カルーセル：やっぱり霊感の強い人がいましてね。「来てた<u>わね</u>。麻紀ちゃん，今日は来てたでしょ。喜和ちゃん，来てた<u>わね</u>。」って言うから，「あ，そう，私夢中だったから分からなかった<u>わ</u>」って言ったんですけどね。
(「徹子」)

(37)　市原：本当の家政婦さんが声援してくれますよ,「もっと,意地悪したっていいの<u>よ</u>」って

　　　徹子：「もっと意地悪していいの<u>よ</u>」って？　　　（「徹子」）

　これらは典型的な直接引用表現と言えよう。伝達の場とは違う場の開始を告げる「ポーズ」，そして間投詞などの使用。それから，(元)発話の場を構成するソーシャルダイクシス，尊敬・謙譲表現，女性語・男性語,「です・ます」，終助詞の使用というように，発話を発話たらしめる要素を十分に盛り込み，伝達の場との分離が確保されているのである。次に，パターン化した直接引用表現を観察する。

2.2.2　パターンを利用した引用句作り

　直接引用句を観察すると，そこに繰り返し表現(畳語的表現)がかなり頻繁に使用されることに気づく。それは，当然，擬態語・擬声語との共通面を示すものであるが，違いもある。まず，いくつかの例を見てみよう。

[繰り返し表現]
　繰り返しは通常2度行われるが，3度の場合もある。しかし，3度繰り返されると，文の適合性が落ちてくる。また，一旦，2度繰り返された表現を，もう1度，2度繰り返すのも，文の落ち着きを失うようである。

(38)　いやー,「もう,<u>これっきり</u>,<u>これっきり</u>」と思ってやっているんですけれど。あのー,なんていうんでしょうかね。あのー,
　　　　　　　　　　　　　　　　　　　　　　　　　（「日曜」）
　　　（注：いやー,「もう,?<u>これっきり</u>,<u>これっきり</u>,<u>これっきり</u>」と思って…）

(39)　カルーセル：…それでみな,内緒で女だとして,（徹子：あ,うー

ん)「今度,日劇にデビューするから」って言いまして,その橋本さんていうプロデューサーも,もう,「<u>いい女だ</u>,<u>いい女だ</u>」って夜中までホテルに電話かかってくるんですよ。　　　　（「徹子」）

(注：もう,「?<u>いい女だ</u>,<u>いい女だ</u>,<u>いい女だ</u>」って夜中まで)

(40)　朝のテレビニュース

「上祐の逮捕は<u>今日だ</u>,<u>今日だ</u>」と言われてかなり経ちますが…

（1995.9.13 TBS）

(注：「上祐の逮捕は?<u>今日だ</u>,<u>今日だ</u>,<u>今日だ</u>」と言われて…)

(41)　徹子：(性転換のこと)「<u>見せてあげる</u>,<u>見せてあげる</u>」ってあなたがおっしゃって…「ご飯食べて」って,それでもってねえ,あの,「見せてあげる」って,とうとう拝見しないで,残念でしたわ。

（「徹子」）

(注：それでもってねえ,あの,「*見せてあげる,見せてあげる」って…)

このようにたいていは2度の繰り返しが行われ,また,1度繰り返されたものは,同じように2度繰り返すことはないようだが,次のようなケースもあり絶対的な規則とはいえないようだ。

(42)　カルーセル：ええ,ミュージックホールの人達はみんな,わたしのことを「<u>お嬢</u>,<u>お嬢</u>」って言うんですよ。…それでみんなが私のことを「<u>お嬢</u>,<u>お嬢</u>」って言ったら,「まあ,美空ひばりじゃあるまいし」ってみんなに言われてね。　　　　　　（「徹子」）

ただ,この場合,「お嬢」が1度しか言われなかったり,あるいは,3度言われたりすると,いずれの場合も「?」が付く。

(42')　　カルーセル：ええ，ミュージックホールの人達はみんな，わたしのことを「？お嬢／？お嬢，お嬢，お嬢」って言うんですよ。…それでみんなが私のことを「？お嬢／？お嬢，お嬢，お嬢」って言ったら，

　どうして「お嬢，お嬢」と，2度しか繰り返せないかということについては，やはり，擬態語・擬声語との関係があるのではないかと察せられる。擬態語・擬音語は通常2度繰り返される。(43)は「と」が随意で，(44)では「と」が用いられない例である。しかし，いずれにせよ，2度の繰り返しのみである。

(43)　a. 雨が　　［ざあざあ］　　　　　（と）降っている。
　　　b. 雨が　　［？ざあ］　　　　　　　と　降っている。
　　　　　（注：雨が［ざあー］と降っている。）
　　　c. 雨が　　［?? ざあざあざあ］　　（と）降っている。
　　　d. 雨が　　［ざあざあ，ざあざあ］（と）降っている。
(44)　a. 顔を　　［ざぶざぶ］　　　　　（と）洗う。
　　　b. 顔を　　［？ざぶ］　　　　　　　と　洗う。
　　　　　（注：顔を［ざっ］と　洗う。）
　　　c. 顔を　　［？ざぶざぶざぶ］　　（と）洗う。
　　　d. 顔を　　［ざぶざぶ，ざぶざぶ］（と）洗う。

　第1章(pp. 38-39)でも観察したように田守・スコウラップ(1999)のオノマトペ研究による助詞「と」の付加条件によるとオノマトペ性が高く，語彙性が低ければ低いほど「と」は必要とされ，その逆，つまり，オノマトペ性が低く，語彙性が高い，とりわけ程度副詞，頻度副詞の場合は通常「と」が付加されなくなるという。(43)の「ざあざあと」，(44)の「ざぶざぶと」はまさしく前者の例である。さらに，それらは「ざあ，ざぶ」を反復させることは

可能だが、「ざあ、ざぶ」を3度繰り返すことはできない。ただし、(43d) (44d) が適格なのは単に「ざあざあ、ざぶざぶ」の「反復」だからということに過ぎない。一方、次のようなオノマトペは反復を許さない例である。

(45) a. ツバメが　　［すー］　　　　　｜と／*φ｜飛んでいった。
　　 b. ツバメが　　［?? すーすー］　　｜*と／*φ｜飛んでいった。
　　 c. ツバメが　　［すー，すー］　　　｜と／*φ｜飛んでいった。

(45c)が適格なのは、b.とは違い、(43d)(44d)の場合のように、単に「すー」の「反復」であり、b.のように「すーすー」と1語にして用いることはできない。「と」の付加条件、あるいは、どのようなオノマトペが「畳語」的になるのか、ならないのか、についての条件には、さらに音韻的条件もあり一般化を行うのは容易でないようだ。しかし、直接話法における繰り返し表現の現れと「現実の自然界に間接的・比喩的に近づこうとした結果」(田守・スコウラップ 1999: 12)生まれてくるオノマトペとには大いなる共通性があることは事実であろう。

さらに注目に価することは、次の例が示すように直接引用表現のこのような畳語的性格ゆえ、形が固定化し、かつ、イディオム的表現として表れる場合である。

(46)　あの人はいつも「ああでもない，こうでもない」と言い訳ばかりなんです。

(47)　今度の件では、国会尋問で「これでもか，これでもか」と問いただされました。

(48)　カルーセル：(135周年に集まった全国のゲイについて)それでちょっとお化粧の濃い人が、女の人がいると、「あれもおかま？これもおかま？」って言ってみんなどれが女でどれがおかまか分かん

ない，百何十人… 　　　　　　　　　　　　　　(「徹子」)

　これらの特徴が何を意味するのか定かではないが，直接引用表現における畳語使用は直接引用句が固定化すればするほど，イディオム的にもなり，ひいてはオノマトペにも化身する道をたどるのではないかということを意味しているように思われる。いずれにせよ，このことは今後の課題として取り組みたい。

[なんて，とか，みたいな]

　直接引用が新たな発話を作り上げるということからすると，当然のことではあるが，直接引用句は引用助詞「と」「って」だけでなく，「〜などと(いう)」から派生したものと思われる「なんて」，類似を示す「とか」に導かれることが多い。その例を少し見ておきたい。

(49)　加山：リーダ格の子が，機嫌がいいときはね，子分扱いで，「こっち来い」みたいなことでね， 　　　　　　　　　　　　　(「徹子」)
(50)　加山：「バケツ持って立ってろ」とか(そういう時代でした)
　　　　　　　　　　　　　　　　　　　　　　　　　　　　(「徹子」)
(51)　徹子：(毛糸のパンツについて)母も「きれいでしょ」なんて言って…
　　　　　　　　　　　　　　　　　　　　　　　　　　　　(「徹子」)

2.2.3　その他

　前節では典型的な直接引用表現の特徴を見てみた。ここでは，「命令・禁止・誘い」の表現がどの様に直接引用句に現れるかを観察するが，そのような直接引用句の言語表現を注意深く観察すると，次の2つに分類できることが分かる。

① 前節で見たような言語的特徴(例えば，終助詞で引用句内の述語を締めくくるなど)をうまく使用し，発話らしい発話を形成する中で，命令・禁止・誘いの直接引用表現が作られているもの。

② 「視点」という観点では，明らかに元話者の視点からの表現，つまり，直接引用句ではあるが，引用句末まで発話らしい発話を維持させる力が保持されず，引用が行われる伝達の場にいるか，あるいは伝達者本人でなければ「直接引用」が完全に行われたかどうか疑わしい表現。(例えば，引用句末に終助詞などが現れず，辞書形のみで終結する場合など。)

まず，直接引用句として申し分のない①のケースから検討する。

(52) 徹子：でも，昔は，あの，「みんなが，あの，いない昼間に帰っておいでよ」って，「夜はみんなが家族が来ちゃうから」って話だけど，今はもうほんとにお帰りになるとお喜び， (「徹子」)

(53) 徹子：(NHKで家政婦の役をしたときのこと)NHKの後ろのほうで，長靴はいてるようなおばさんが後ろのほうで，黒柳さん，応援してるから，「がんばってねえ」ってほとんど同じような立場の方が (「徹子」)

(54) 三国：…じゃ，やすかずさんって人はどうかって言うんで，やすかずさん，じゃあ，あの，「やすかずさんの音楽ちょっと聞かしてください」といって，えーあの， (「日曜」)

(55) カルーセル：…「ああ，いたずら電話じゃ，どうしたの」ったら，「喜和子，死んだのよ」っていうから，「うそ！」って，「テレビ，つけて」って言うから，明け方6時，(徹：うん)つけたら，もう，あのう，「亡くなった」って言うんでね， (「徹子」)

これらはすべて句末を終助詞「よ，ねえ」などで括ったり，「〜ください」という丁寧な命令形，あるいは「て形」による口語表現を用いたり，申し分なく元発話の場が維持されているが，次の例で見るように，その点のはっきりしない引用句も多い。つまり，②の場合である。

(56) 加山：それでおばあちゃんに「行ってくれ」っつって，おばあちゃんに行ってもらうことにしたんですね。　　　　　（「徹子」）
(57) 佐藤：いろいろしてるが，ま，昔の母親っていう…そして父親は「そういうことはくだらんことなんだ」と，「そういうことは言うな」と，いうふうに…　　　　　　　　　　　　　（「座談」）
(58) 三国：ええ，アドリブで，そのーフィルムかけるから，そんと，それに，あの，あなた自身の感性だけで，あの，「音を出してみてくれ」と言って，エー，まあ，作ってもらって，それを，あの，ダビングして，したんですけど，あのー結果的に…　（「日曜」）
(59) 佐藤：あ，これはあります。これ，あの，「ピアノで聞かせろ」って言うんです。　　　　　　　　　　　　　　　（「日曜」）

これらはたしかに二卵性引用句の可能性を大いに持つものである。つまり，このような命令形，禁止形を「はだか」の状態で使用できるのは，おそらく，軍隊とか特別な社会に限られ，日常の生活では少し「衣」を着せて使用するのが普通であろう。したがって，実際には言わないが，直接引用句の中に含め，特別の社会言語学的効果を狙うということである。しかし，一方，この状態ですでに一種の間接化が起きており，命令・禁止という「機能」のみは表現されるが，それらが通常持つ「荒っぽさ」はなくなっているとも考えられる。もちろん，このように捉えたからと言って，引用句創造説を弱化するものではない。次の例(60)のように，禁止表現の場合も終助詞によって「衣」をかけると，新たな発話の場が十分発揮できることになるが，そうで

なければ，やはり「荒っぽさ」を標示するか，あるいは，禁止の機能のみを表すか，ということになる[17]。

(60) 佐藤：そいで，じゃあ，それでその，「10本指でひいて ｜ごまかすな／ごまかすなよ｜」っていうんですよ。　　　　（「日曜」）

一方，次の例(61)では，呼称（「君」），間投詞（「あのね」）などで十分に発話性のある直接引用句の生成が示されているが，その勢いが最後まで持続せず句末は一種の「間接化」を思わせる「いけない」という常体形で終わっているのである。

(61) ラジオ・インタビューにおいて能楽師が亡くなった師匠の思い出を語っている
　　　近藤乾之助：… (師匠が)「君，あのね，地頭ってのはシテのように歌っちゃいけない」っておっしゃったんです。
　　　　　　　　　　　　　　　　　　　　　　　（NHK-FM「能楽鑑賞」）

いずれにせよ，これらの問題については，後ほど第5章でも扱う。

3. まとめ

　本章では，まず，いわゆる「直接話法」らしい引用句を自然発話のなかから採集し，それらを注意深く観察すると，直接引用表現には元発話との何らかの類似を目指したものと，そうではないものがあることを指摘した。前者は「一卵性直接引用」，後者は「二卵性直接引用」と名づけられるが，その選択は伝達の場における伝達者の表現意図によるのであり，決して，元発話がそれを決定するのではないことを見た。この現象を基に「引用句創造説」を提唱し，「引用句再現説」は引用のある一面しか捉えていないということ，直接

引用であれ，間接引用であれ，伝達の場(コンテクスト)が元発話の場(コンテクスト)に優先し，伝達の場(コンテクスト)に最も適切な話法形式を伝達者は選ぶのであるということ，直接引用表現はけっして伝達者の思いのままに生成されるのではなく，そこにはレトリカルな規則が働いている，ということを見た。実際，我々の言語活動には大なり小なりのコード・スイッチングという社会言語学的操作が無意識のうちに行われている。異なる言語，あるいは方言話者同士の伝達行為，方言を同じくしても異性間，あるいは，大人と子供との間の伝達行為と，数え上げればきりがない。そして，そこでは伝達者は被伝達者(つまり，聞き手)に対して，その伝達の場にふさわしい形態の引用表現を創っているのである。ロング・朝日(1999)による映画の吹き替え翻訳に見られる日米の言語観調査によると，アメリカ映画におけるアフリカ系アメリカ人(黒人)の英語の日本語への吹き替えは東北弁に，年寄りの英語は広島弁に吹き替えられるのが多いという。これも，まさしく，伝達の場(日本)における被伝達者(日本人の映画鑑賞者)に対するある種の「直接引用」であり，本章で提唱した「引用句創造説」を支持する論拠のひとつといえよう。

注

1) ここで扱う日本語のデータは特別な指示がないかぎり，自然な会話の中で得られたものである。
2) この表現にある「分からねえ」は終助詞ではないが，きわめて口語的で男性的表現という特性を持ち，それゆえ，直接引用と見做せようが，間接引用と見做せないわけでもなかろう。この点は後ほどさらに検討するつもりである。
3) 黒人英語に対するこの新聞記者の評価・印象が引用句に現れているが，表現論レベルでの「発話行為論」とも言うべき，非常に興味深い研究テーマであると言えよう。
4) 伝達者が60歳前半の男性であるからこのような男性的な表現が使われたというのは事実ではない。次の(8)(9)等の例にも見られるように，伝達者

が30代半ばの女性であっても(普段自分自身が使わないような)このような表現は使われる。
5) ちなみに, 家庭内で使用する家族に対する呼称(例えば,「パパ」とか「お父ちゃん」)を公的な伝達の場でも使用するかを社会人を対象に調べたところ, やはり, 一般的な「お父さん」を使用するというのが圧倒的であった。
6) このような現象は日本語に限ったものではなく他の多くの言語にも見られる。例えば, ここで詳述できないが, フランス語, スペイン語などにおける第二人称(tu / vous, tu / vos)の直接引用における選択は伝達の場における伝達者の意図が元々のメッセージにおける使用に打ち勝つようである
7) 直接話法と間接話法に直接の統語的関係がないということは, Banfield (1973, 1982)などで早くから指摘されている。また, 序章の例文(3)(4)は元々のメッセージが間接話法であるにもかかわらず, 新たな伝達の場では直接話法で表現されている非常に興味深いデータである。
8) 語用論を発話産出(speech production), 関連性理論を発話理解(speech comprehension)のための理論とすると引用論はそのどちらにもまたがる研究分野といえる。
9) 必ずしも「一卵性引用」と「二卵性引用」の区別がはっきりしていない, それらが混じった直接引用句もある。
10) メイナード(1994: 81)の言う「想定引用」(「実際には発言していない表現を表現したかのように相手にかわって引用を通して言語化する表現」例えば,「じゃ, あんた私に今すぐ家を出ろって言うの?」)は元発話の存在しない引用であるが, それにしてもその架空の元発話との類似が意図された直接引用は「一卵性」であり, そうでないものは「二卵性」の直接引用であるといえよう。
11) 遠藤(1982)はこのような問題意識に基づいた研究ではないが, 直接話法を「完全直接話法」「一般直接話法」「修正直接話法」に分類しており, 本研究にとって参考になる。
12) 書き言葉においては「」で直接引用が標示され, それがある程度の目安になっているが, そのような標示のない話し言葉では全く別の方法で標示が行われるのである。それも, 本節の課題である。
13)「声」についてはMaynard(1996, 1997), メイナード(1994)などに一連の研究がある。後ほど, 第4章でこのことについて触れたい。

14) Fillmore (ibid.) は "the preceding" "the following" 等の例をあげている。日本語の場合，「上記，下記，前者，後者」等がそれに当たろう。
15) 余談ではあるが，筆者は渡米して間もないころ，英語の直接話法に困難を感じたが，直接引用句が "Look！" とか "Well, ..." 等の表現で始まるということを発見して以来，それが非常に楽になったことを覚えている。
16) 泉子・メイナード氏(口頭)の提案による用語を採用した。
17) 藤田(1996)は文の類型的意味(例えば，「訴え」あるいは「命令」)はここで見た(56)〜(59)などにおける引用表現はすべて間接引用表現であると主張している。しかし，元発話者の視点がそのまま残っていることは事実であり，また，発話を発話らしく保つ効力も残っていることからして藤田のような判断には問題があると言わざるを得ない。

第 3 章

間 接 引 用

　次の例はテレビのトークショー『徹子の部屋』でゲストのカルーセル・マキがある日の舞台の後，お客とくつろいだ話をしている状況について話しているところである。

（１）　　カルーセル：そいでもう，ひげとか引っ張ったりしてね，(a)<u>しわがない</u>と言ったりねえ，みんなが (b)<u>どうやって整形してるんだとかね</u>
(「徹子」)

　日本語の直接引用（あるいは直接話法）と間接引用（あるいは間接話法）の判別が英語などの言語ほどはっきりしないことは色々なところで指摘されている。上の例ではどうであろう。(a)については「しわがない！」とか元々の発話の状況を表そうとするプロソディー的要素なしにはこの引用句が直接引用なのか，間接引用なのかの判断はつかない。(b)はどうであろう。何か直接引用的という雰囲気はするが，なぜ？と言われると，その説明に困ってくる。日本

語は,それが独立文であれ,従属文であれ,「分かっているものは省略せよ」という談話上の規則が色々なところで働き,そのため(a)については「誰のしわがないのか」,(b)については「誰が整形をしているのか」といった,このようなダイクシスが言語的に明示化されないため,直接引用,間接引用の判断が実際の談話の場にいないかぎり判断できないということが多くなる。

　ちなみに,英語の場合はどうかというと,(1)はアメリカ英語では,おそらく次のようになるのではなかろうか。

(1') 'So, yeah, this guy... he's pulling on my beard and went: 'You don't have any wrinkles'. So, then, everyone asked, 'How'd you get ya plastic surgery done then ?'

英語では主語を省略することはできず,ここで登場している"you" "ya"によって,(a)も(b)も直接引用であることが分かる。

　上に見たように,日本語には確かに引用句判別の曖昧さは存在するが,だからと言って,日本語の引用句が一貫して曖昧だというのではない。日本語には日本語なりの引用表現があり,他の言語には存在しないスタイルというものもある。本章では,前章で観察した「直接引用」と比較しつつ,日本語における「間接引用」とは何かを観察する。なお,ここでの分析をもとに,次章からは日本語独特の間接引用と直接引用が混じった「準間接引用」というもの,さらに直接引用ではあるが文脈によっては間接引用読みを許してしまう「準直接引用」のスタイルの観察を続ける。

　なお,前章と同じく,次のように用語を使用する。

「伝達者」=文全体の話者(「私,僕,私達」などの第一人称詞)
「元話者」=引用句の元の発話者
　　　　　(伝達者と同じ場合もあればそうでない場合もある)

「元聞き手」＝元発話の聞き手
　　　　　（伝達者が自分に話しかけない限り，伝達者以外）

1. 間接引用

1.1. 定義
1.1.1 先行研究

　間接引用とは何か，その定義づけは研究者によって微妙な違いはあるものの，大体のところが「引用される元の発話を伝達の場から見て，その伝達の場に合った表現で引用する」言語行為というようなことになろう。例えば，奥津(1970)の定義は次の如くである。

　　間接引用文とは直接引用文の内容を地の文の話し手の立場に翻訳した文
　　であり，この手続きを間接化(indirectification)と呼ぼう　(p.4)

奥津は「翻訳」という表現を使っているが，寺村(1981: 146)は「発話者をはなれて，話し手の立場から間接的に描写するのが間接話法」と述べ，「描写」という表現を使っている。三上(1972: 330)は「引用の場面に合うように改める間接引用」と，「合うように改める」という言い方をしている。また，最近の研究者の場合はどうかというと，次のような直接引用との対比をもとに定義づけを行っている。

　藤田(1988)
　　直接話法：発話や思惟・認知(心内語)を，その主体の立場に則し，発
　　　　　　　せられるままの形で引く。
　　間接話法：発話や思惟・認知(心内語)を，文の話し手が自らの立場に
　　　　　　　則して再構成して引く。

砂川(1989)
　　直接引用：文の意味内容だけではなく表層的な形式を，またある場合には内容を伴わない形式だけをも再現させ（中略），元の発言や思考の場がかなり忠実に復元されなければならない。
　　間接引用：表層の形式を再現させる機能はない。（中略）元の発話や思考の内容を再現させる機能である（中略），多かれ少なかれ，もとの発言や思考の場が引用を行う発言の場に引き寄せられた形に調整されなければならない。
中園(1994: 88)
　　間接話法：報告者がもとの発話をどう解釈したのかが引用文のなかに反映される伝達形式，報告者が引用文を自分の言葉で統一して表現する方法(「間接化のプロセス」)

　藤田も砂川も基本的には「直接引用」は元発話を「再現する」もので，「間接引用」は元発話を伝達者が「自分の立場に則して再構成」(藤田)するもの，「多かれ少なかれ引用の行われる場に引き寄せられ調整される」(砂川)ものとしている[1]。中園は元発話を「どう解釈したか」それを「自分(報告者)の言葉で統一して表現する」とし，第1章で触れたように発話行為論の立場に立った定義づけを行っている。ちなみに砂川が「多かれ少なかれもとの発言や思考の場が引用を行う発言の場に引き寄せられた形に調整されなければならない」というように「間接度」に強弱があることをほのめかしている点では注目に値する。この点に関して中園はさらに明確に「そして，引用文の中にこれら『間接化のプロセス』が多く含まれているほど，その引用文は間接化の度合が高くなるといえる」(p.90)と自分の立場を表明している。これらは藤田(1996など)が文法的カテゴリーとして「直接話法」と「間接話法」を対峙的にとらえているのとは対照的である。筆者の立場は砂川，中園と同じであり，追ってこの点

をさらに追求する。

　次に，ここで取り上げたものとは異なる観点から話法を捉える廣瀬(1988, 1997)の定義づけを検討する。廣瀬は言語表現には2つのレベルのものがあると考える。ひとつは「公的表現行為」，もうひとつは「私的表現行為」。前者は「伝達を目的とした，社会的営みとしての思考表現行為」，後者は「伝達を目的としない個人的営みとしての思考表現行為」であるという(1997: 6)。そして，この2つの表現行為の根本的な違いは，「前者では聞き手の存在を考慮に入れるが，後者では考慮に入れない点にある」(1997: 7)と言う。「聞き手の存在を前提にする表現」とは「聞き手志向表現」と呼ばれるものであり，典型的なものとしては終助詞(「よ，ね」等)，命令表現(「走れ」等)，呼びかけ表現(「おーい」等)，丁寧体の助動詞(「です，ます」)等，伝聞表現(「(だ)そうだ」等)等があるとし，一方，聞き手への志向を欠く「私的表現」は伝達を目的としない独り言(自分自身に話しかけるものは含まない)，例えば，家を出たとたん雨が降っているのに気づき，思わず口にする「雨だ」という表現などをあげている。また，「思考動詞はその引用部に私的表現しかとることができない」(1988: 10)として，その代表的な「～と思う」に導かれる引用表現をあげる。廣瀬の定義は，したがって，次のようである。

廣瀬(1988: 8, 1997: 10)
　　直接話法・間接話法：直接話法とは「公的表現」の引用であり，間接
　　　　　　　　　　　話法とは「私的表現」の引用である。

確かに，思考動詞は引用句に「～です・ます」などを許容しがたい従属度の高い引用句を導き，また，聞き手を必要としない発話を引くことも事実である。しかし，ここで，廣瀬が「私的表現」「公的表現」という概念が直接話法，間接話法の区別を十分に説明すると言っている以上に，この提案には深刻な問題があることを指摘しなければならない。

まず，メイナード(1997: 148)も指摘しているように，思考動詞「思う」は次のような引用句も導く。メイナードの例を見てみよう。

（２）　かわいらしいプロダクションのお人形さんね，と夜片子は思う。
　　　　　　　　　　　　　　　　　　　　　　　　　（メイナード(5)）

　思考動詞はそれ自体が話し手志向であるので確かに聞き手志向の表現とは折り合いが悪い。しかし，(2)のように「あたかも自分自身に，または架空の会話相手に向けて話しかけているような思考表現もある(中略)」(メイナード1997: 148)。この点については，廣瀬(1997: 27)は「思考動詞のなかでも，『思う』には，心の中の伝達行為を記述する用法もあり，その用法では引用部に公的表現をとることができる」と述べて，心の中で，自分自身や他者に語りかけるものであると弁明している。つまり，「思う」に導かれる引用表現は直接話法でも間接話法でもあり得ると認めることになる。しかし，次のように感嘆文や擬声語・擬態語のような一語文など，廣瀬の言う「聞き手の存在を前提としていない」引用表現はどの様に説明するのであろうか。

（３）　佐藤：はあ，音楽って，ま，ま，<u>魔物だなあ</u>って思うことがありますよね。　　　　　　　　　　　　　　　　　　　　　（「日曜」）
（４）　佐藤：ただそれらしい音楽が入ってくるっていうのは一番<u>あああっ</u>と思いますよ。　　　　　　　　　　　　　　　　　　　（「日曜」）

　これらは確かに，聞き手を必要としない内的発話，つまり，私的表現と言えば言えないわけではないが，しかし，だからといってこれらを「直接引用」ではなく「間接引用」であると言うのは，「私的表現，公的表現」という概念からの帰結によるだけであり，我々が持っている言語直感，また，たいていの研究者が意見の一致を見る元発話の「再現」が「直接話法」であるという認識と

も全くかけ離れたものであることは，否定できないであろう[2]。筆者もかつては廣瀬（や他の研究者）のように直接話法と間接話法が「聞き手志向」か「話し手志向」かで区別されるのではないかと考えたことがあるが，しかし，それは間違いである。この点はもう一度「第5章 準直接引用，直接引用（再考）と衣掛けのモダリティ」で詳しく検討するが，直接引用とはその元発話が「私的表現」であれ，「公的表現」であれ，あるいは「話し手志向」であれ，「聞き手志向」であれ，その元発話に言及し，新たな「（元）発話」を作りだすことである。

直接引用表現には元発話の多くが持つ「です，ます，ね」など聞き手を規定した表現が保持されることが確かに多いが，それが全てなのではない。直接引用句と聞き手志向性は二次的な関係でしかないことを断っておく。

最後に参考までに，Coulmas(1986)などの定義もあげておく。

Coulmas(1986: 3):
    Indirect speech is the speech of the reporter; its pivot is in the speech situation of the report.
    （間接話法とは報告者のスピーチであり，そのピボット（視点軸）が報告の発話場面に位置するものである）

Quirk, Greenbaum, Leech and Svartvik (1985: 1021):
    Indirect speech, on the other hand, conveys in the words of a subsequent reporter what has been said or written by the original speaker or writer (who again may be the same person as the reporter).
    （一方，間接話法は，元々の話者か書き手（再び伝達者と同一でもあり得る）によって言われたことか書かれたことを伝達者の言葉で伝える）

1.1.2 定義

　定義づけというのは，たいてい「帯に短し襷に長し」ということになりがちであるが，かといって不要なものとはいえない。やはり，定義なしには議論は進めにくい。また，定義の根底には研究対象に対する基本的態度が含まれるはずで，それを避けて研究を続けることもできない。その意味で，前節で見た様々な定義づけは，(直接)引用句を元発話の再現と捉える点を除けば，それなりに納得の行く要素を多く含んでいることは事実である。奥津(1970)は第1章で見たように，引用助詞「と」を格助詞と考え，それに導かれる引用句を名詞句と見做す。そして，間接引用においてはそれに匹敵する直接引用句を地の文の立場に「翻訳」し，そこで出来上がった句，つまり，間接引用句は「辞(命題)」であるという。一方，砂川，藤田，中園，それから廣瀬も引用助詞「と」に導かれる引用句には元話者のモダリティが必ず残るのであり，それは命題ではないとする立場を取る。筆者は，しかし，これらはお互いに矛盾したものではなく，全て引用句創造説で包括することができると考える。そこで，もう一度「引用句創造説」を振り返ってみたい。

(A) 仮説：引用句創造説
　　日本語の引用表現は，元々のメッセージを新たな伝達の場においてどのように表現したいかという伝達者の表現意図に応じて決まる。

帰結：
(a) 直接引用であれ，間接引用であれ，元発話とかけ離れた引用を行うか，元発話を再現するような引用を行うかは，伝達の場における伝達者の意図によって決まる。

(b) 直接引用であれ，間接引用であれ，伝達の場への適合を無視することはできない。

(c) 伝達の場を構成するのは話し手，聞き手，言及を受ける第三者，ダ

イクシス，及びソーシャルダイクシスであり，引用表現はそれらの相互関係を伝達者の意図に応じて調整した結果の産物である。

そして，この仮説に基づき，次のことを確認した：

① 直接引用にとって肝要なことは伝達の場に，新たな(元)発話を創造することであり，その引用句を元発話と類似させるかさせないかは二次的な問題である。
② 新たな(元)発話を創造するということは，新たな発話の場を成立させることである。
③ 新たな発話にも伝達者の創造による発話を取り巻く声(ヴォイス)が存在する。

一方，間接引用は，直接引用とは異なる方向づけを辿(たど)ると考えたい。つまり，

① 間接引用にとって肝要なことは伝達の場における，新たな(元)発話の創造を極力差し控えることである。
② 新たな(元)発話の創造を控えるということは，新たな発話の場の成立を抑制することである。
③ 新たな発話の場の成立を控え，発話を取り巻く声(ヴォイス)を削れば削るほどより間接度の高い引用表現が可能になる。

次の例を見てみよう。

(5) 太郎が花子に結婚を申し込んだことについて
 (a) 花子はそれが嫌だと言った。
 (b) 花子はそれが嫌らしい。
 (c) 花子はそれを拒否した。

砂川(1988)の「場の二重性」の概念を待つまでもなく(c)がもっとも間接度の高い引用であり，この中では(a)がもっとも間接度の低い，しかし，奥津の言う「命題」を含む間接引用と言えよう[3]。また，(b)の「らしい」に導かれる「それが嫌(だ)」が「命題」であることはもっと明らかではなかろうか。

このように直接引用と間接引用を発話生成の完成度というスケールに乗せてその記述を図るべきであるというのが筆者の考えである。こう考えると，発話生成の完成度が非常に高い直接引用もあれば，例の(5a)のような引用句の「それが嫌だ」にモダリティを認めるべきか否かで意見の分かれるような引用表現も存在すること，さらに，(c)のように発話完成度の非常に低い引用句まで存在するということが説明できるわけである。しかしながら，引用とは伝達の場に新たな発話の場を設け，そこに新たな発話を創りあげる言語行為であり，その完成度によって引用表現の形態が決定されると捉えると，ある固定的な形態を前提にしてそれらの引用を定義づけることはできなくなる。したがって，直接引用が伝達の場に新たな発話の場を確立させ，そこに発話らしい発話を創ることで「より直接的」な引用表現を生成するのに対し，間接引用は伝達の場にできるだけ新たな発話の場を成立させないことと，そこに極力発話らしい発話を創らないことで「より間接的」な引用表現が生成できるという相対的な記述が導かれることになる。このことを踏まえて，次のような間接引用の定義を提供する。

(B) 間接引用：
> 間接引用とは伝達の場において新たな(元)発話の場の成立を極力抑え，そして，また，新たな(元)発話を極力地の文に吸収させて引用を行う言語行為である。

ここで言う「地の文に吸収させる」という表現は「従属節化(subordination)させる」と言い換えても差し支えないであろう。実際，後に詳しく検討するよう

に間接引用句は他の従属節表現(例えば連体修飾節)と同じような文法的特徴を持ったれっきとした従属節なのである。

さて，このような定義に基づく間接引用の記述にとって，避けることのできない問題は「(新たな)場」を構成するものは何か，「(新たな元)発話」を構成するものは何かということである。第2章においても同様の考察を行ったが，もう一度，ここでそれを再認識しておきたい。それは，次の3要素からなると考える。

「場」と「発話」の構成要素
 ① ダイクシス：人称ダイクシス(元話者，伝達者，元聞き手，現聞き手 etc.)
     時間ダイクシス，場所ダイクシス，
     ディスコースダイクシス，ソーシャルダイクシス
 ② 発話の内容：命題
 ③ 発話の意図：モダリティ

「命題とモダリティ」を抜きにして「発話」を成立させることができないことは言うまでもない。さらに，「ダイクシス」こそ「場」を明確にするものであることも事実である。ダイクシスの軸をどこに置き，そして「命題」をどの様に取り上げ，また，それにどのようなモダリティを付随させ，「発話らしい」(あるいは，「発話らしからぬ」)，引用句を生成するのか，それが引用句生成の鍵である。言い換えれば，引用句創造のプロセスはこれら3つの要素を媒介に次の2つの原理を基に操作されると考えられる。

(Ⅰ)視点調整の原理 (Principle of Deixis Adjustment)
  引用句内のダイクシスを極力，伝達の場に適合させ，新たな「場」の成立を抑えるようにするのか，あるいは極力，伝達の場から独立させて，新たな「場」の成立を促そうとするか

という原理

(Ⅱ) 発話生成の原理 (Principle of Speech Production)
　　引用句に新たな発話を標示する要素(命題と様々なモダリティ)を極力,付加し,発話らしい発話を生成しようとするのか,あるいはそれらを極力削除し,主文への埋め込みを強めようとするのかという原理

　なお,「視点調整の原理」を伝達の場に適応することを＜視点調整(＋)の原理＞,そうでない場合を＜視点調整(－)の原理＞と表記し,また,「発話生成の原理」の適応を行うことを＜発話生成(＋)の原理＞,そうしないで発話生成をできるかぎり抑制する場合を＜発話生成(－)の原理＞と表記すると,引用句創造のプロセスは次のように図示することができよう。

図1　引用句創造のプロセス

```
　新たな(元)発話の創造　　　　　　　(元)発話の伝達の場への吸収
　　　直 接 引 用 ←----------------------→ 間 接 引 用
　　　(Ⅰ) (－) ＜視点調整の原理＞ (＋)
　　　(Ⅱ) (＋) ＜発話生成の原理＞ (－)
　　　　　　　　← ダイクシス →
　　　　　　　　←　命　題　→
　　　　　　　　← モダリティ →
```

　なお,これも繰り返しになるが,ダイクシスはソーシャルダイクシスも含み,それら全てが＜視点調整の原理＞の対象になる。間接引用の観察にとりわけ関係の及ぶ項目として次のような話者・聞き手の視点を如実に表わすものを下に列記しておく。

① パーソンダイクシス　　：私，僕，あなた，君，お前，彼，彼女，等
② 場所ダイクシス　　　　：「こ・そ・あど」，本～（例，本校），
　　　　　　　　　　　　　貴～（例，貴学），等
③ 時間ダイクシス　　　　：今日，明日，今週，来週，など
④ ソーシャルダイクシス　：です，ます，お～なる，お～いたす，まいる，等
⑤ その他　　　　　　　　：方向動詞（いく，くる，～ていく，～てくる），
　　　　　　　　　　　　　授受動詞（あげる，もらう，くれる，～てあげる，～ていただく，～てくれる）等

1.2　間接引用
1.2.1　間接化がもっとも進んだ引用

前節ですでに検討したように，引用されるべき発話が伝達の場に完全に吸収されるということは，そこに新たな発話が存在していると意識されないほど地の文の一部になり，＜視点調整（＋）の原理＞と＜発話生成（－）の原理＞がフルに活用されている状態である。次の例を見てみよう。

（6）博一が美恵にプロポーズしたことについて，
　　（a）春美はとても残念に思った。
　　（b）麻里は安堵を感じた。
　　（c）康志は幸運を祈った。

このように新たな心内発話は副詞的に述語を修飾したり（6a），地の文の補語の一部になったり（6b, c）して，伝達の場に吸収されていく。もちろん，これらは，伝達者が伝達の場において新たな発話を盛り込もうとすればするほど間接化が緩み，その度合いによって，次のように伝達することも可能となる。

（6'）博一が美恵にプロポーズしたことについて，

(a')春美はとても残念だと思った。
(b')麻里は博一がやっといい相手を見つけたのだと安心した。
(c')康志はうまく行くようにと言った。

1．2．2　引用助詞「と」を伴わない引用句を持つ間接引用

　「伝聞・様態」の助動詞「そうだ，らしい，ようだ」，モダリティ化した「〜の(ん)だって」[4]（以下「んだって」）などは，割合従属度の強い（言い換えると，命題そのものに匹敵する）引用句を持つ間接引用を行う。ここでも＜視点調整(＋)の原理＞と＜発話生成(−)の原理＞が十分活用されるのが良く分かる。

（7）　和泉先生はまたここに教えにいらっしゃる<u>ようだ</u>。
（8）　佐々木社長は我々の要求を認めてくださった<u>そうだ</u>。
（9）　田村理事長は再びこちらの大学にお見えになる<u>らしい</u>。
（10）　徹子：ずいぶん，もう，ほんとうに30年ぐらい，仲がよくてらし<u>たんですってね</u>[5]。
　　　　カルーセル：そうなんですよ。　　　　　　　（「徹子」）

これらの表現に先行する節はいずれにおいても，「です，ます」を導入することができない従属節である。

（7'）　＊〜いらっしゃい<u>ます</u>ようだ。
（8'）　＊〜ください<u>ました</u>そうだ。
（9'）　＊〜お見えになり<u>ます</u>らしい。
（10'）＊〜仲がよくていらっしゃい<u>ました</u>んですってねえ。

　また，これらの従属節に含まれているダイクシスはすべて伝達の場に密着し

たものであり，元発話の場，つまり，元話者の視点に立った解釈を許さないものである。

- (7''')　和泉先生はまた<u>ここ</u>に教えに<u>いらっしゃる</u>ようだ。
- (8''')　佐々木社長は<u>我々</u>の要求を認めて<u>くださった</u>そうだ。
- (9''')　田村理事長は再び<u>こちら</u>の大学に<u>お見えになる</u>らしい。
- (10''')　徹子：ずいぶん，もうほんとうに30年ぐらい，仲が<u>よくてらした</u>んですってねえ。

つまり，ここで下線を施した表現を観察すれば分かるように，これらの表現は全て伝達の場に立脚し，伝達者の視点から伝達されたれっきとした間接引用であると言える。(7''')の「ここ」「いらっしゃる」は伝達の場と伝達者からの視点による表現である。同様に(8''')の「我々」「くださった」，(9''')の「こちら」「お見えになる」，(10''')の「よくてらした」もすべて＜視点調整（＋）の原理＞が徹底した間接引用表現である。これらの表現が新たな発話の場を導入し元話者の視点からの発話らしい発話を引用して伝達することができないことは，自明のことではあろうが，一応念のため，それも次に示しておく。

- (7'''')　和泉先生は　*また<u>そちら</u>に教えに<u>まいります</u><u>よ</u>　ようだ。
- (8'''')　佐々木社長は　*<u>あなた達</u>の要求を<u>認めてあげます</u>　そうだ。
- (9'''')　田村理事長は　*再び<u>そちら</u>の大学に<u>まいります</u>　らしい。
- (10'''')　徹子：ずいぶん，もうほんとうに30年ぐらい，*仲が<u>よかったですん</u>ですってねえ。

これらの表現がかなり間接度の高い引用を行うことがはっきりしたと思うが，かといって，それらがまったく元話者の視点を許容しないというわけでもない。つまり，＜視点調整（＋）の原理＞が緩みはじめるケースがある。授受表

現などのダイクシスはほぼ伝達者の視点(つまり，伝達の場の視点)からの表現しか許さないが，後に詳述するように，感情表現(「〜たい/〜たがる」など)は元話者の視点を許容する。

(11)　幸一は今すぐにでも恵美と結婚｜したい/したがっている｜ようだ。
(12)　幸一は今すぐにでも恵美と結婚｜したい/したがっている｜そうだ。
(13)　幸一は今すぐにでも恵美と結婚｜したい/したがっている｜らしい。
(14)　幸一は今すぐにでも恵美と結婚｜したい/したがっている｜んだって。

つまり，伝達者の視点から見た幸一の感情は「したがっている」と表現されるべきであるが，元話者(幸一)の視点を示す「したい」をそのまま残すことも可能なのである。とりわけ興味深いのは，(11)に見られる「ようだ」は「したい」でも「したがっている」でもほぼ等価の意味を持つが，(12)〜(14)における「そうだ，らしい，んだって」においては「したい」は元話者「幸一」の感情表現であるが，「したがっている」は「うわさ的」情報，つまり，第三者からの情報として「幸一」の感情が表されているということである。逆にいうと，「ようだ」はこれらのモダリティ表現の中でもっとも元話者から離れた「間接話法的」表現であり，他は元話者を指定する「直接話法」寄りの表現であると言えよう。この点は，次章「準間接話法」のところで更に詳しく述べる。最後に，「んだって」のモダリティ性について触れておきたい。まず，この表現が「んだっ<u>て</u>」の後に「言う」が省略されたものではないことを確認したい。次の例を見てみよう。

(15)　母：どうしたのよ。
　　　知子：(高平の)お母さんが明日お見えになる<u>んですって</u>。
　　　　　　　　　　　　　　　　　　　　　　　　　(「隣」)
ここで「知子」が言わんとしていることは，「高平のお母さんが明日来るそ

うだけど，予期していなかったことで少し驚いている」というようなことである。それでは，「知子」の引用句はどこから始まり，どこで終わるのであろうか。「って」の前が「です」で終わっているから，この引用句を直接引用句と見做すと，次の2通りのことが考えられる。

(16) a. お母さんが「明日お見えになるんです」って言った。
　　　b.「お母さんが明日お見えになるんです」って ?? 言った。

しかし，(a)だと，「お母さん」が来るのではなく，誰か別の人が来ることになり，「知子」の意図とは違ってしまう。また，(b)は誰かがこの引用句を言ったということになるがこの文自体とても座りの悪い文である。もちろん，次のように言い方を変えると，確かに，文の適格性という点では良くなる。

(17)　誰かがね，「お母さんが明日お見えになるんです」ってね，言ってたわ。

しかし，この分析には2つの問題がある。ひとつは，これでは「知子」の「〜んですって」の形式名詞「ん(の)」に託された，話者「知子」自身の感情（あるいは，「私が驚いたことには」というような共感）が，話者以外の誰かのものになってしまう。もうひとつは，(15)の「知子」の発言は誰かからの視点で「お母さん」が「来る」と言っているのではなく，「知子」自身の視点から「お母さん」が「お見えになる」と言っているのである。つまり，「お母さんがお見えになる」というのは，「知子」の視点にたった表現，間接引用表現なのである。そして，「のです」の「です」は引用句の一部ではなく，伝達者の「感情移入」を示す形式名詞「の」に付属したものと考えるのが妥当であろう。実際，「んです」を省くと，ごく普通の，伝達者の感情移入のない間接引用句となり，「(って)言う」を加えても何ら不自然でなくなる。

(18) お母さんが明日お見えになるっておっしゃってますよ。

このように「んだって」はその後に「言う」が省略されたものでなく，それだけで独立した表現であると考えられる。したがって，それを「過去形」にも「否定形」にも変化させることはできない。

(15') お母さんが明日お見えになるん |*ではありません／*でした| って。

しかし，上昇イントネーションによる疑問化は可能である。

(15") お母さんが明日お見えになるんですって↗？。

以上のことから，「んだって」は「そうだ，らしい，ようだ」とも共通したモダリティ性を持つことが分かる。実際，「んだって」は(17)のような典型的な間接話法よりもはるかに「間接度」の強い引用表現である。次の例を観察する。

(19) 母：ねえ，ねえ，知子さん，…その人にね，相談したら賛成してくれてね，この辺りにもね，顔が広いからお弟子さんを紹介して (a)あげるって言うのよ。今，その電話だったの。もうね，お弟子さん，6人も取って (b)くれたんですって。　　　　　（「隣」）

日本語の授受動詞が視点を元にした共感(empathy)の所在位置によって主語，間接目的語の選択が決まることは色々なところで指摘されている(久野，1978)。上の例に限って言うと，「(〜て)アゲル」類の動詞(「差し上げる，あげる，やる」)は「誰かが私(あるいは，私の身内)以外の者に何かをアゲル」という選択が行われる。一方，「(〜て)クレル」類の動詞(「くださる，くれる」)は

「主語を第二・三人称，間接目的語を私(もしくは，その身内)」に限定する。したがって，単文においては次のような共起環境となる。

(20) a. Xが ｛*ワタシ／アナタ／カレ｝ に 何かを アゲル
    b. アナタ／カレが ｛ワタシ／*アナタ／*カレ｝ に 何かを クレル

(19)の下線部(a)は「その人が私にお弟子さんを紹介してくれる」という意味であるが，「あげる」が使用されているのは「その人」の視点に立った「直接引用」の方法がとられているからである。つまり，「その人が私にお弟子さんを「紹介してあげる」と言った」という構造になると考えられる。しかし，この場合，(a)は「あげる」でも，伝達者の視点に立った「くれる」(つまり，「間接引用」の選択)でもいいことが分かる。

(19') 母：…その人にね，相談したら賛成してくれてね，…（その人が私に）お弟子さんを紹介して (a)あげる／くれるって言うのよ。

このように「あげる」でも「くれる」でも許容できる引用文については後ほど本章にて詳しく観察するが，ここで興味深いことは，(19)の下線部(b)については伝達者(ワタシ)の視点による表現(つまり，間接引用)「くれた」しか許容できないということである。

(19") 母：ねえ，ねえ，知子さん，…その人にね，相談したら賛成してくれてね，…もうね，お弟子さん，6人も取って (b)｛*あげた／くれた｝んですって。

下線部(a)「～って言う」の場合は「あげる」でも「くれる」でも同じ授受関係を表すことができたが，(b)においては，もし「あげた」を適格とする

と，それは「伝達者(ワタシ)に弟子をとってくれた」という意味ではなく，「誰か第三者に取ってあげた」という意味になってしまう。このように，「んだって」は極めて伝達者寄りの視点に基づいた表現のみを表す「間接度」の強い伝達表現である。そして，基本的には「伝聞」のモダリティ「そうだ」のように第三者からの情報を伝える機能を持ち，その情報に対し，伝達者がある種の「意外性」を持っていることを示すモダリティであると言えよう。このような「んだって」の文法的特徴は80年代に早くもOhso(1984), Kamada(1986)で指摘された。また，最近では「んだって」のみならず，次のような「って」もその後に「言う」が省略されたものではなく，したがって，誰かの述べたことを引用するのではなく「自分の意見を主張する」ものであるという報告が許(1999)でなされている。

(21)　(知らない渡辺という人から手紙が来た)
　　　いつき「神戸の渡辺さん，ママ覚えてない？」
　　　母　　「渡辺さん？　あんたの方が忘れているだけじゃないの？」
　　　いつき「そんなことない<u>って</u>」
　　　　　　「絶対知らないもん」　　　　　　　　　(許(4))

このように，一見，単に引用動詞「言う」が省略されているだけだと考えてしまいがちな文末表現としての「んだって」や「って」の研究は談話分析，会話分析と大いに関係があり，今後ますますその発展が期待される[6]。最後に，さらに談話分析的要素が大きく，一種のディスコース・マーカー，また，モダリティ表現とも言える表現を見て本節を閉じる。

(22)　徹子：3か月連続で出しものをなさる<u>という</u>，なんと，3か月連続お一人で主役をおやりになる<u>という</u>，ま，出しものは次々と変わるんですが，とにかく，3か月いっぱいなさるという，ほんとに切符

が全部売り切れという，「うれしい」とご自分でもおっしゃってらっしゃいますけれど，本当に色々な意味で恵まれてもいらっしゃるんだと思います。でも，あたくし知らなかったんですけど，もし，この世界にお入りにならなければ（玉三郎：ええ）宇宙開発に携わっていたかったと，まあ，そういう方とは思いませんでした。びっくりいたしましたけれど，また，6月または7月にイルカと泳ぐことになっていると，ほんとにお忙しくて，挑戦的と言うんでしょう，とにかくそういうことお好きな坂東玉三郎さん，今日のお客様です，どうぞ。）　　　　　　　　　　　　　　（「徹子」）

このような「～という」「～と」，研究は "speaker-oriented speech"（話し手志向発話）という概念で説明しようとしたMakino(1984)をはじめとし，最近の山崎(1996)，加藤(1998)等の分析があり，今後ますます期待の持てるテーマである。

1．2．3　引用助詞「と」に導かれる引用句を伴う間接引用

　英語の補文標識 'that' とは異なり，日本語の引用助詞「と」は基本的にはどの様な表現でも導くことができることはすでに観察した。直接引用句であれ，擬態語・擬声語的な表現であれ，命題とも呼べる「はだか」の文であれ，ありとあらゆる表現形態を引くことができる[7]。したがって，「と」に先行する引用句がより直接的に引用されているか，あるいはより間接的に引用されているかの判断が時として困難になることは事実であるが，次に述べるような引用句の分析がそれを容易にすると考えられる。

① 引用句に現れるダイクシスの解釈
② 引用句を締めくくるモダリティ，および，モダリティに匹敵する副詞的表現などの有無
③ 引用句それ自体の従属度の強弱

もちろん、これらは相互に関係を持つものであり、引用句内の表現を全て元発話の場に結びつける作用を持つモダリティもあれば、それほどの作用のないモダリティもある。したがって、分析の方法としては、まず、文の一番最後に登場し、発話を発話たらしめる、いわゆる終助詞と呼ばれるモダリティ「よ、わ、ね、ぞ、など」、丁寧のモダリティ「です、ます」の使用・不使用が引用句の解釈にどの様な影響を与えるか見てみよう。

1．2．3　a. 終助詞「よ，ね，わ，ぞ，等」と丁寧の「です，ます」と間接引用

　文の最後に位置して文を文たらしめる「よ、わ、ね、ぞ」などや、これまた文全体のスタイルを丁寧体に統一する「です、ます」[8]は言表事態に対する態度（モダリティ）のさらに上に現れるモダリティであり、発話を発話たらしめる重要な要素である。その存在いかんによっては、引用句が直接引用としての効力を大きく失い、間接化が始まり、そのため引用句内のダイクシスの解釈が曖昧になる。次の例を見てみよう[9]。

(23) a. 昨日、恵美は幸一 (i) に、彼 (≠i) と結婚 |する<u>わ</u>/し<u>ます</u>| と告白した。
　　 b. 昨日、恵美は幸一 (i) に、彼 (=i, ≠i) と結婚すると告白した。
(24) a. 内山は中山無線 (i) で私に、大阪ではその店 (≠i) が一番安い |<u>よ</u>/<u>です</u>| と言った。
　　 b. 内山は中山無線 (i) で私に、大阪ではその店 (=i, ≠i) が一番安いと言った。

(23)では「幸一」を(i)とすると、モダリティ「わ、ます」を含む(a)では「彼」は「幸一」を指示することができないことを示している。一方、「わ、ます」のない(b)では「幸一」を無理なく指示することを示す。ちなみに、そ

れは「文脈指示用法(anaphoric use)」としての「彼」である。(b)においては(≠i)も可能である。しかし，それは「彼」が「幸一」とは異なる人物がすでに他の文脈に登場していて，それを指示するか，もしくは，「眼前指示用法(deictic use)」として用いられた場合である。しかしながら，いずれにせよ，伝達の場に基づいた「彼」の解釈が可能であることに違いはなく，(b)が間接引用であることに変りはない。(24)も同様である。モダリティ「よ，です」のあるなしで，「中山無線(i)」の指示が大きく変わるである。つまり，モダリティを取り除くと，伝達の場に基づいた解釈，間接引用読みが可能になるが，それを阻止するもの，逆に言うと，直接引用を維持させるものはこのようなモダリティの存在であるということを明確に表わしているのである。面白いことに，(23),(24)において直接引用で「幸一」，「中山無線」を指示させるためには，次のようなダイクシスを使用すればよいことが分かる。

(23') a. 昨日，恵美は幸一 (i) に，<u>あなた</u> (=i) と結婚 ｜する<u>わ</u>／<u>します</u>｜ と告白した。
   b. 昨日，恵美は幸一 (i) に，<u>あなた</u> (≠i) と結婚すると告白した[10]。

(24') a. 内山は中山無線 (i) で私に，大阪では<u>この店</u> (=i) が一番安い ｜<u>よ</u>／<u>です</u>｜ と言った。
   b. 内山は中山無線 (i) で私に，大阪では<u>この店</u> (≠i) が一番安いと言った[11]。

もうひとつ決定的な例を見ておきたい。

(25)　昨日，お茶会で和泉先生 (i) に会いましてね，「来週もいらっしゃいますか」と尋ねると，
   a. いらっしゃる (=i)，とおっしゃってました。
   b. いらっしゃいます (≠i)，とおっしゃってました。

「ます」を伴う引用句は，このように，直接引用を標示してしまい，「いらっしゃいます」の主語を「和泉先生」に指示することができなくなる。「ます」を削除することで「いらっしゃる」は「和泉先生が」という解釈が可能になり，そこに間接化が起きていることが明確になっている。「いらっしゃる」とか「お～になる」という尊敬表現 (subject honorification) は第一人称を主語にすることはできない。一方，「まいる」とか「お～いたす」という謙譲表現 (object honorification) は第一人称しか主語にできないという制約 (Harada, 1976) があるためにこのような現象が起きる。＜視点調整（＋）の原理＞と＜発話生成（－）の原理＞がここで十分守られていることが分かる。

1.2.3 b. 時間表現，方向・授受動詞と間接引用

文を全体的に包み込む終助詞（よ，わ，ね，など）や丁寧さを表わす「です，ます」の出現が引用句を直接引用にするかしないかの分岐点になっていることが判明した。まず，例(26)～(29)をあげ，その後で次ページに表1として方向動詞，授受動詞の構文的制約を簡単にまとめて示す。

(26) a. 昨日松島君は僕に明日君のうちへ行くよと言った。
　　 b. 昨日松島君は僕に今日僕のうちへ来ると言った。
(27) a. 昨日松島君は僕に明日君にプレゼントをあげるよと言った。
　　 b. 昨日松島君は僕に今日僕にプレゼントをくれると言った。
(28) a. 昨夜和泉先生が私に明日君も私のうちに来ますかと尋ねた。
　　 b. 昨夜和泉先生が私に今日私も先生のうちに行くか(どうか)(と)尋ねた[12]。
(29) a. 昨夜和泉先生は私に明日も私のうちに来てくださいとおっしゃった
　　 b. 昨夜和泉先生は私に今日も(和泉)先生のうちに ｜行く/来る｜ ようにおっしゃった[13]。

表1　方向動詞・授受動詞の構文的制約

方向動詞		～が	～へ／～に	
		誰かが	話者の属する領域以外の所へ	イク
			話者の属する領域に	クル

		～が	～に／～から	～を	
授受動詞	アゲル類	誰かが	話者以外の目上に	何かを	サシアゲル
			話者以外の同等に		アゲル
			話者以外の目下に		ヤル
	クレル類	目上が	話者（カミウチ）に	何かを	クダサル
		同等か目下が	話者（カミウチ）に		クレル
	モラウ類	誰かが	目上から	何かを	イタダク
			同等か目下から		モラウ

いずれの例においても，(a)と(b)は意味的に等価であるが，ダイクシスの上ではっきりとした転換が見られる。(a)においては元発話の場に，(b)においては伝達の場に基づいた選択である。(28)は疑問文の間接引用，(29)は命令文の間接引用を示す。その他諸々の表現（やる，もらう，など）においても，同様の現象が見られるが，(29)において，「行く」でも「来る」でもどちらでも選択できるように，奥津(1970)が提案した「間接話法化」のようには必ずしも機械的にいかない点があり，注意が必要である。いずれにせよ，ここまでは＜視点調整(＋)の原理＞と＜発話生成(－)の原理＞がほぼ守られた間接度の高い間接引用を観察した。

次に何らかの理由で＜視点調整(＋)の原理＞が緩みはじめるケースを検討したい。それは(29)のように選択の余地がかなり高いものから，次の様に，選択

の余地の低いものまで,許容度に差が生じてくる。

　まず,(27)の引用句を過去形にした場合。

(27') a.　　昨日松島君は僕に一昨日<u>君</u>にプレゼントを<u>あげた</u>よと言った。
　　　 b.??/*昨日松島君は僕に昨日<u>僕</u>にプレゼントを<u>くれた</u>と言った。

(b)で「くれた」が許容されないことから,(27)と(27')の平行関係が崩れているのである(「くれた」の振る舞いについては後程もう一度検討する)。授受動詞は複雑な「視点」交錯を有し,誰が,誰と,授受関係を持ち,そのことを誰に伝達するか(したか)ということで,興味深い言語的振る舞いをおこす。

　ここで,日本語母語者30名(大学生)を対象に行った引用句内の授受表現の許容度調査を紹介したい。それは適切性(acceptability)を〇(適切),△(どちらとも言えない),×(不適切)で判断させ,それに簡単な統計処理を施しその許容度を%で表わした[14]。

(30) あの人たちがこちらに　　　　　　　　　　　　来る　　行く
　　 a.(　　)っておっしゃってるらしいわよ。　　 100%　　 0%
　　 b.(　　)って私に直接おっしゃったわよ。　　 98%　　 20%
(31) あの人たちが私たちがあちらに　　　　　　　 来る　　行く
　　 a.(　　)べきだっておっしゃてるらしいわよ。 23%　　 97%
　　 b.(　　)べきだって直接おっしゃったわよ。　 37%　　 90%
(32) 山田さんは,僕には二度と会いに　　　　　　 来ない 行かない
　　 a.(　　)って僕に言いました。　　　　　　　 97%　　 50%
　　 b.(　　)って言ってるそうだよ。　　　　　　 88%　　 77%

　(30)は最もプレーンな形のもので,発話が話者に直接(「私に直接」)があろうとなかろうと＜視点調整(＋)の原理＞が十分に守られた間接引用になってい

ることを示している。(31)においてはやや＜視点調整(＋)の原理＞が崩れはじめていることが分かる。それは，引用句末に登場している元話者のモダリティを表わす「べきだ」に引きずられたためだと察することができるが，(30)の場合とそれほど大きい違いはなく，ここでも間接引用がしっかり行われていると見做すべきであろう。(32)は，「来ない・行かない」という否定形にした場合である。伝達者「僕」が引用句の聞き手である(a)の場合と，そうではない元発話が「そうだ」で示されるように「うわさ的」発言の場合(b)とで差が出ていることが分かる。つまり，「うわさ的」になると，「来ない・行かない」のどちらでも許容できるということである。「来ない・行かない」にある否定形「ない」の持つモダリティ性はそれほど影響していないようであるが，「うわさ的」状況が述語ダイクシスの選択に影響を与えている点は前節の「ようだ・らしい・そうだ・んだって」の比較でも観察されたのと同様であり，興味深い。いずれにせよ，結論として言えることは，方向動詞の引用句における選択は元発話が誰に向かって発話されたかによって許容度が左右され，＜視点調整(＋)の原理＞が緩み，つまり，間接度の弱い間接引用が生まれるということである。次に，授受表現の場合を見てみる。

(33) 昨日，お母さんが　　　　　　　　　　やる　　くれる
　　a. 僕に言ったじゃないか，僕に本を（　　）って。
　　　　　　　　　　　　　　　　　　　　45％　　100％
　　b. お兄ちゃんに言ったじゃないか，僕に本を（　　）って。
　　　　　　　　　　　　　　　　　　　　80％　　72％

(34) 昨日，お母さんが　　　　　　　　　　やった　　くれた
　　a. 僕に言ったじゃないか，僕に本を（　　）って。
　　　　　　　　　　　　　　　　　　　　85％　　38％
　　b. お兄ちゃんに言ったじゃないか，僕に本を（　　）って。
　　　　　　　　　　　　　　　　　　　　95％　　30％

授受動詞「くれる」は (33a)が示すように，基本的に「僕に─くれる」という話者自身に対する共感(empathy)を強力に要求する，つまり，間接目的語に話者自身（「僕」）の視点を強力に要求するものである。しかし，(a)でも「(僕に)やる」が45％の許容率を持っているだけでなく，(b)が示すように，元発話の聞き手が「僕」(つまり，伝達者)ではなく，この伝達の場にいない第三者，「お兄ちゃん」の場合，「やる・くれる」どちらも許容できるという結果になっている。ここでも，「来る・行く」の場合と同様，元発話が誰に向けられたのか，伝達者と元発話との関わりが＜視点調整の原理＞に影響を与えていることがはっきり分かる。

　(34)が示すように，(33)と同じ言語環境であっても，「くれる」が過去形になるとその許容率はうんと下がる。この事実は，すでに Kamada(1986) で指摘し，また，砂川(1988)でもそのような奇異な現象に対する注意が向けられている。これはおそらく「くれる」が持つ特異な意味成分が原因と思われるが，(30)～(34)で観察した「うわさ文」的言語環境が「アゲル／クレル」の共起条件をさらに緩めていることが分かったように，「くれた」の現れる環境に「うわさ文」的要素がさらに加わると，それが許容されることが分かる。前節の「んだって」の分析の中でみた(19)がそれを如実に物語っている。

　　(19)　　母：ねえ，ねえ，知子さん，…その人にね，相談したら賛成してくれてね，この辺りにもね，顔が広いからお弟子さんを紹介して (a)あげるって言うのよ。今，その電話だったの。もうね，お弟子さん，6人も取って (b)くれたんですって。　　　　　　（「隣」）

　下線部(a)では「…お弟子さんを紹介して ｛くれる／?? くれた｝ って言うのよ。」と，「くれた」が許容されがたいのに対し，下線部(b)では「…もうね,お弟子さん，6人も取って (b)｛くれる／くれた｝んですって。」というように，「んですって」のまえでは「くれる」も「くれた」も全く問題なく許容される

のである。「んだって」は「そうだ，らしい，ようだ」などのように極めて間接的な引用を行い，それらのモダリティの前では「んだって」同様，どちらも許容される。

(35) a.「もうね，お弟子さん，6人も取って｛くれる／くれた｝そうだわよ。」
b.「もうね，お弟子さん，6人も取って｛くれる／くれた｝らしいわよ。」
c.「もうね，お弟子さん，6人も取って｛くれる／くれた｝ようだわよ。」

このように,「間接性」の度合いが高くなればなるほど，当然，伝達者の視点からの選択を要求する度合いも強くなるが，一方，その逆に「間接性」が弱まり，「うわさ文」的環境が生まれれば生まれるほど(あるいは，伝達者の伝達内容に対する関わりが薄れれば薄れるほど)制限が緩むということが分かる。しかし，なぜ，「くれた」が「くれる」以上に話者寄りの視点を要求するかについては更なる研究が必要であることは事実である。

最後に，小説「泥の川」(宮本輝)の冒頭に非常に興味深いデータがあり，ここで観察した「うわさ文」的状況における＜視点調整(＋)の原理＞の緩みを確認しておきたい。このデータには少々背景の説明が必要である。舞台は大阪。会話例も大阪弁であるが，授受表現における主格，目的格の関係はこれまで観察した標準語のものと同じである。つまり，独立文において「僕にヤル」は許されず，「僕にクレル」でなければならない。馬に荷を引かせ仕事をしていた「おっちゃん」がトラックを買うから，不要になる馬を行きつけの食堂の子供「のぶちゃん」にやると言う。子供はそのことを父に伝えるという状況である。

(36) 「おっちゃん来月トラック買うから，あの馬のぶちゃんにあげよか」
「ほんまか？ ほんまに僕にくれるか」
…(中略)信男はきんつばをやいている父の傍らへ行き，

「あの馬,僕にやる言うてはるわ」
と言った。母の貞子がかき氷に蜜をかけながら,ぎゅっと睨みつけた。
「ここの父子には冗談が通じまへんねんで」
馬が珍しくいななった。

下線部の詳細は,「お父さん,あの馬を僕にやるとあのおっちゃんが言っているけど,もらっていいかな?」「お父さん,あのおっちゃんがあなたに,あの馬を僕にやるとおっしゃっているよ」というような意味なのである。つまり,「おっちゃん」が「のぶちゃん(=僕)」に言ったことを「お父さんに」「報告」し,「それでいいの?」という意味である。したがって,「僕」が「お父さん」に直面して報告していることから,受け手の「僕」と与え手の「おっちゃん」との関係が「うわさ文」的にこの伝達の場から切り離されることになり,その結果,「僕にやる」が自然に受け入れられる文となっているのであろう。

ここでは＜視点調整(＋)の原理＞と＜発話生成(－)の原理＞が十分守られ,間接度の高い間接引用の存在をまず確認し,それから,何らかの理由でその原理が崩れ,方向・授受動詞の選択において,どちらでもよいという間接度の弱まった間接引用の存在を観察した。次には,そのような選択がどちらでもよいというのではなく,＜視点調整(＋)の原理＞を崩さずには文法性が保てない,つまり,間接度のレバーを一目盛りカチッと音がするところまで確実に動かさずには適切な引用表現にならない「準間接引用」を検討する。

注

1) 直接引用が元発話の再現であるという引用句再現説についての問題はすでに第2章で取り上げたのでここでは触れない。
2) 筆者の立場が「再現」を含む「創造説」であることは言うまでもない。第2章参照。
3) 奥津の論法で行けば,「花子が言った,"それが嫌だ"が太郎をどん底に陥れた!」と言え,「それが嫌だ」を名詞句(命題)と見做すことが可能にな

4）「〜の(ん)だって」が「〜の(ん)だって言う」の省略形ではなくモダリティ化した表現であることは鎌田（1988）も参照。後ほど pp.100-103（例15〜20）で検討する。
5）この引用句を「って」の前で引用句が終わるはずであるという理由で、「(あなたは)「仲がよくてらしたんです」って（おっしゃいました）ねえ」と解釈すると、聞き手である「カルーセル」がそのように言ったことになり、文法的にも談話的にも不適切になる。ここは「私の聞いたことによるとあなたは〜と「仲がよくてらした」んですってね」であり、「って」のあとに引用動詞（「イウ」など）が来ない伝聞表現なのである。
6）但し、敢えて「って」の後に引用動詞を補おうとすれば、それが全く無理というわけでもなさそうだ。(21)では「そんなことないって（私は強調したのにあなたは分からないの？）」とか、(19)の場合、「6人も取ってくれたんですって（いうことのようだけど、意外ね）」というような感じではなかろうか。「って」の後に何らかの引用動詞が「暗示」されているように思える。
7）もちろん、「と」の後に引用動詞の出現を義務的に要求するかしないかによって文全体の適格性は異なってくる。
8）「です、ます」は南（1974）の従属度検定によると、B類、つまり、文中にも現れる従属度の比較的強いものと分類されているが、文末に現れるのを基本的とすると捉えるべきであろう。文中従属節中に現れるのは、丁寧さを持続させるため、あるいは強化するためのものであって、義務的なものではなかろう。例えば、「行きましたでしょう」は「行ったでしょう」で表わされている丁寧さをさらに強化しているだけだと考えられる。他にハイパーコレクション的に「です、ます」が重複して使用される例は非常に多い。
9）次の例では、(a)(b)とも引用句を同じ環境に置くため、引用句の前に(，)を付けた。
10）「あなたと結婚する」の発話力を強めると（「あなたと結婚する！！」等）、直接引用句となり、a. 同様「あなた」が「幸一」を指示することになる。
11）(23')同様、「この店！！」というように発話力を強めると、直接引用句となり、「この店」が中山無線を指示することになる。
12）「と」は随意的要素であろう。「どうか」が「と」を許容するか疑問であ

るが，砂川 (1988) の指摘にもあるように，「と」が現れると新たな発話の「場」が生まれていることを示し，そのため間接化が弱まることになる。

13) 「ように」のあとに「と」が使用され「ようにと」になると，意味的には類似するが，注 12 と同様の差が生じる。

14) 実際のアンケートはパターン慣れを防ぐためデータを分散させた。統計上○を 2 点，△ 1，× 0 とし，それを集計し，100％は全員が許容したことを意味する。

第4章

準間接引用：引用とモダリティ

　前章では＜視点調整(＋)の原理＞と＜発話生成(－)の原理＞が十分に適応された間接引用らしい間接引用をまず観察し，最後には何らかの理由でこの原理が緩み，それと同時に間接度の弱まった間接引用の存在を検討した。ここでは，＜視点調整(＋)の原理＞を崩さずして適格性を保てない，つまり，その原理に正当な条件づけを行う引用，「**準間接引用(Semi Indirect Quotation)**」(Kamada 1981, 鎌田 1983)の形態を観察し，その条件とは何かを探る。なお，「準間接話法」という用語が久野(1978: 206, 281)でも使われているが，それが何であるかは明確な説明はなされていない。また「準間接引用」を文法的カテゴリーとして認めない立場が藤田(1996)で提唱されている。藤田は日本語の話法は直接話法か間接話法かの2つにはっきりと分かれるという立場で，その中間体を認める筆者とは根本的な相違がある。藤田の記述，分析の問題点は本章最後の「3.まとめ」で行う。

　前章で＜視点調整(＋)の原理＞が崩れるケースを観察したとき，次の2つの点を指摘した。ひとつは引用句末にはっきりとしたモダリティが現れ，それが

影響を及ぼしたこと(例(31)の「べきだ」)。もうひとつは，元発話の話し手，聞き手と伝達の場における伝達者，聞き手との関係はいかなるものかという点である。つまり，「うわさ文」的な伝達においては伝達の場の影響がそれだけ薄くなるという点である。本論に入る前にこの2つの点について，少々，認識を深めておきたい。

　まず，モダリティというのは，命題に対する話者の発話時点における態度というのがたいていの定義である。'proposition'と'mood'，'dictum'と'modus'，「叙述」と「陳述」「詞」と「辞」という対立に例えてもかまわない。ここでは厳密な定義づけは必要ない。大切なことは，発話時点におけるどのような言表事態にもそれに対する話者の態度というものがあり，それが文全体を包括するという言語事実である。そのようなモダリティは，実は，話者自身が置かれている時空間的環境を土台にした発話時点における，ある言表事態に対する話者自身の態度であると言える。そして，その言表事態に対して「これは私の発話である」というハンコを押すような作用を持つ。しかし，多くの研究者が指摘するようにモダリティには，モダリティとして最大限の力を発揮するものと，そうでないものがあることも事実である。このことは，引用句に現れるモダリティについても同様であり，その引用句全体を地の文から全く切り離してしまうほどの効力をもつモダリティもあれば，地の文への融合が容易なものまで様々である。言い換えれば，引用という言語行為は元発話に含有されたモダリティのもつ「引力」に対抗しつつ，何らかの形で伝達の場へとその元発話を取り込もうとする行為とも言えよう。そのような過程の中で，引用句に現れるダイクシスに適応される＜視点調整の原理＞も引用句に現れるモダリティの種類によって，当然，左右されるということになる。

　さらに，もうひとつの点，「誰が誰に話したことをどの様なダイクティックな環境，つまり，伝達の場にいる誰と誰に伝えるのか」というのも＜視点調整の原理＞に影響を及ぼすということである。直接引用でさえ，とりわけ，二卵性直接引用句においては，伝達の場の環境がどうであるかが非常に大切な要素

となることはすでに観察した通りである。

以上のことを念頭において，以下の議論を進めていくが，まず，仁田(1985, 1989, 1991)が行った独立文におけるモダリティと主格選択の分析を観察することから始める。

1. モダリティと主格選択：仁田の研究

1.1 仁田（1985, 1989, 1991）のモダリティ分析

仁田(1991)は文が成立するための必須の要素とするモダリティを「現実との関わりにおける，発話時の話し手の立場からした，言表事態に対する把握の仕方，および，それらについての話し手の発話・伝達的態度のあり方の表し分けに関わる文法的表現である」(p.18)とし，それを2種類に区分する。そのひとつは「言表事態目当てのモダリティ」(1985年論文では「判断のムード」)と呼び，もうひとつは「発話・伝達のモダリティ」(1985年論文では「伝達のムード」)と呼ぶ。そして，ここで言う「言表事態」とは「話し手が，現実との関わりにおいて，描き取った一片の世界，文の意味内容のうち客体的な出来事や事柄を表わした部分」であり，それは「命題核，ヴォイスやアスペクトやみとめ方やテンスなど」(1991: 18)からなると言う。「彼も来るだろうね」という文を例に取ると，「彼も来る」が「言表事態」にあたり，「だろう」が「言表事態目当てのモダリティ」に，そして，「ね」が「発話・伝達のモダリティ」にあたるということから分かるように，後者が前者を包み込む関係にあると言う。

仁田は，さらに，「言表事態目当てのモダリティ」は「認識系の＜判断＞」と「情意系の＜待ち望み＞」とに下位区分され，一方，「発話・伝達のモダリティ」は①働きかけ，②表出，③述べ立て，④問いかけ，のモダリティに下位区分されると考える。

仁田のモダリティ区分

 A：言表事態目当てのモダリティ
  ① 認識系の＜判断＞ ：例）「～だ」
  ② 情意系の＜待ち望み＞：例）「お前なんか死んでしまえ」

 B：発話・伝達のモダリティ
  ① 働きかけ：「命令」「誘いかけ」
  ② 表出 ：「意志・希望」「願望」
  ③ 述べ立て：「現象描写文」「判定文」「疑いの文」
  ④ 問いかけ：「判断の問いかけ」「情意・意向の問いかけ」

仁田はこれらの各々について，「主格(「ガ」格)の選択制限」「テンス分化の有無」「題目を取るか・取らないか」などについての文法的特徴を調べあげたが，ここで引用・話法研究と直接，結びつきのあるのは，主格の選択制限である。つまり，「働きかけ」は当然，聞き手に対する働きかけなのであるから，「ガ」格は「第二人称」に限られるというように。まず例を見よう。

① 働きかけ：「命令」「誘いかけ」
  →第二人称主格を取る
   但し，自己包括の場合，一／二 人称主格

 （1）a. ｛*私／あなた／*彼｝が行け。（命令）
   b. ｛*僕／君／*彼女｝も行かないか。（誘いかけ）
   c. ｛私達／*彼｝も行きましょう。（誘いかけ）

② 表出：「意志・希望」「願望」
  →「意志・希望」は第一人称を主格とする。

但し、「願望」には制限なし

（２）a. ｛私／*あなた／*彼｝が今年こそ頑張ろう。（意志）
　　　b. ｛私／*あなた／*彼｝が酒が飲みたい。（希望）

③ 述べ立て：「現象描写文」の場合のみ制限あり→第三人称のみ

（３）　｛*私／*あなた／子供｝が運動場で遊んでいる。

④ 問いかけ：「判断の問いかけ」「情意・意向の問いかけ」
　　　　　　→ガ格に人称制限なし[1]

このような現象は、モダリティをこのように規定するとすれば、決して日本語だけのものではなく、どのような言語であれ当然、観察されるものであろう（仁田 1985）。実際、英語においても、次の様なことが観察可能である。

（４）　｛*I／You／*He｝　go there now !
（５）　Look! ｛*I／*You／He｝　is coming !

（４）の命令文には日本語と同じ主格制限があり、第二人称のみが可能となる。また、現象描写文である（５）で、第三人称のみを許すという点も日本語と同じである。

　以上が、独立文におけるモダリティと主格選択に関わる仁田の研究の概略であるが、これらの主格選択が発話の場における絶対的人称の関係、つまり、直示的関係（Deictic Relation）に基づいて行われていることに注目する必要がある。なぜなら、モダリティとはそもそも「話し手から見た」言表事態に対する「話し手の態度」、あるいは「伝達の仕方」であり、言い換えるなら、「話し

手」の「視点」をダイレクトに反映するものであるからである。また，主文の中に新たな発話(独立文)を持ち込む直接引用においても，定義上，当然このような「絶対的人称関係」は保持されることになり，このことは次節で観察する準間接引用における「相対的人称関係」に基づく主格選択とは性質を異にするのである。この「話し手から見た」という言表事態が，別の視点，例えば，「第三者の視点」から見るとどうなるのであろうか。つまり，ある話し手が見たある言表事態が別の話者によって伝達されるとどういう変化が起きるのであろうか。それが本章の焦点である。

2．引用句における主格の選択と準間接引用

　議論の進行上，「表出」(意志，希望)，「述べ立て」(現象描写文)，「働きかけ」(命令，誘いかけ)の順序で考えてみたい。なお，以下においては，次のように用語を使用することをもう一度断っておく。

　　「伝達者」＝文全体の話者，つまり，「私，僕」などの第一人称
　　「元話者」＝元発話の話者
　　「元聞き手」＝元発話の聞き手

また，ここでの引用句の解釈は特に注意がない限り，現発話(現伝達の場)を基準にしたものとする。つまり，引用句内の「僕，私」は伝達者を，「君，あなた」は現発話の聞き手を，「彼，彼女，山田，田中など固有名詞」は第三人称を指すというように，いわゆる，「間接引用」読みのこととする。

2．1　「表出のモダリティ：感情・知覚表現」と準間接引用
2．1．1　独立文における表出のモダリティと主格選択
　仁田に限らず，日本語の感情・知覚表現(例えば，「～たい，～たがる，喜

ぶ，寂しい」や「～ようだ」「～そうだ」などの助動詞など）は主格に対して人称の制限をもつことが多くの研究者によって指摘されてきた（寺村 1982，Kuroda, 1973）。一般的にはその根拠を認識論（epistemology）に求める（Kuroda 1973）が，益岡（1997）のように私的な情報領域への進入を不可とする社会言語学的説明をする場合もある。いずれにせよ，感情・知覚表現はモダリティ，つまり，「発話者自身」の「発話時の話し手の立場からした」「現実との関わり」を有し，Kuroda（1973）のいう "reportive style"（伝達スタイル）における独立文においては次の様に，話者の視点から見た主格―述語の選択しか許さない。まず，感情表現から見てみよう。

（6） a. ｛私 / *君 / *彼｝ は家に帰りたい。
　　　b. ｛*私 / *君 / 彼｝ は家に帰りたがっている[2]。
　　　c. ｛*私 / 君 / 彼｝ は家に帰りたそうだ。
（7） a. ｛私 / *君 / *彼｝ は淋しい[3]。
　　　b. ｛*私 / *君 / 彼｝ は淋しがっている。
　　　c. ｛*私 / 君 / 彼｝ は淋しそうだ。
（8） a. ｛私 / *君 / *彼｝ は寒い。
　　　b. ｛*私 / *君 / 彼｝ は寒がっている。
　　　c. ｛*私 / 君 / 彼｝ は寒そうだ。

（6）は「タイ―タガル」の対立が「意志表現」に存在し，話者自身は「～タイ」と言えるが，話者以外の意志は「～タガル（タガッテイル）」，「～ソウダ」とか「～ヨウダ」などを共起させなければならない。(7), (8)の「さみしい」「さむい」なども同様に一人称のみを主格にすること，そして，話者以外は「～タガル（タガッテイル）」等や「～ソウダ」とか「～ヨウダ」などを共起させなければならないことを示している。独立文におけるこのような現象は発話の場における絶対的人称関係に基づいて決定され，それは次のような原理とし

てまとめることができよう。

(C) 独立文における感情・知覚表現の主格選択：
絶対的人称関係に基づく関与・非関与の原理
　(a)　「〜タイ」は話者(第一人称)にのみ付与される。
　(b)　「〜タガル」は話者でも聞き手でもない第三者(第三人称)にのみ付与される。但し，「〜タイ」は「暑い，寒い」など，「〜タガル」は「暑がる，寒がる」なども代表する。また，第二人称の感情・知覚は疑問形(「〜タイカ？」)にすれば可能である。

　この原理は別の言い方をすれば，発話の場に見られる絶対的な人称関係に基づき発話に直接関わりのある対話者(interlocutor)のうちで話し手(第一人称)には「〜タイ」(第二人称には「〜タイカ？」)を付与し，発話の場に直接関わりを持たない(傍観の対象となる)，つまり，対話に非関与の第三者(第三人称)には「〜タガル」を付与せよ，という絶対的人称関係の原理なのである。

　さて，これらを伝達者の視点から伝達の場に吸収させる，つまり，間接的に引用するとどうなるのであろうか。それがこの節の課題である。しかし，その前に，読者の中にはすでに察している方もあると思うが，このような絶対的人称関係が作用しない場合について述べておきたい。そのことは，実際，これから行う引用と感情・知覚表現との関係を探るうえで非常に大切な現象を呈しているので，次に，少々スペースを割いて検討しておきたい。

2.2　「感情・知覚表現と主格選択」の制約が緩む言語環境

　感情・知覚表現が(C)でまとめたような原理に従わないケースとして，よく問題にされるのは話者が対象となる人物に感情移入(共感)を行う場合と，従属節内でのそれらの表現の振る舞いの2つである。まず，ひとつめのケースはKuroda(1973)の用語では "non-reportive style" (非伝達スタイル)，あるいは

"omniscent"（全知）の状態で他者の知覚・感情を表現する場合，(C)の主格選択の制約が崩れるということである。Kurodaの指摘のとおり，話し手と聞き手が対面してお互いの内的領域を他人のそれと区別して言語行動を行う"reportive style"においては，確かに(C)の制約が適応する。しかし，話し手と聞き手が対立するのではなく，つまり，そこにそれぞれの内的領域を作るのではなく，話し手が聞き手や第三者に感情移入（共感）を行い，彼等の感情を「代弁」するような場合，(C)の制約は適応しなくなる。次は川端康成の『山の音』からの一節である。

(9)　　　　また明かりをまちがえて飛び込んでこないように，信吾は力いっぱい，左手の桜の高みに向けて，その蝉を投げた。手応えがなかった。
　　　　　雨戸につかまって，桜の木のほうを見ていた。蝉が止まったのかわからない。月の夜が深いように<u>思はれる</u>。深さが横向けに遠くへ感じられるのだ。
　　　　　八月の十日前だが虫が鳴いている。木の葉から木の葉へ夜露の落ちるらしい音も<u>聞こえる</u>。さうして，ふと，信吾に山の音が聞こえた。

この一節は，まず，ナレーターの視点から「信吾」を取り巻く状況を描写することから始まる。しかし，すぐさま，「手応えがなかった」という表現から，ナレーターは読者を「信吾」の心的領域に引き込み，「信吾」の視点から「信吾」自身の感情と「信吾」を取り巻く出来事を描写していることがよく分かる。いわゆる，自由話法（indirect libre）という話法スタイルである。このことは，2段落目において，通常の"reportive style"の場合，話者のみを主格に取る「思われる」という知覚表現が第三人称の「信吾」を主格としていることからいっそう明確となる。更に，3段落目に現れる下線部「聞こえ

る」についても同様のことが言える。「聞こえる」は「発話時点において何かに対して聴覚が働いている」という意味を表す場合，通常の "reportive style" では，そのままでは話者のみしか主格にできない知覚表現であり，「思う」等と同様，第三人称を主格にする場合は「〜ている」を補わなければならない(つまり，「聞こえている」)。しかし，ここでは「信吾」を主格としているにもかかわらず，そのままの形で使用され，「信吾」の知覚がそのままの形で表されている。参考のため「思う(思われる)」と「聞こえる」の "reportive style" における主格選択の制約を下にあげておくが，(9)でのそれらは話者(ナレータ)と聞き手（読者)を対立させることのない "non-reportive style" での表現であり，主格選択の制約がなくなっているのである。

(10) a. 今，｜私／*あなた／ ?? 彼｜は月が明るいように思う(思われる)。
    b. 今，｜私／*あなた／彼｜   は月が明るいと思っている。
(11) a. 今，｜私／*あなた／ ?? 彼｜は雨の音が聞こえる。
    b. 今，｜私／*あなた／彼｜   は雨の音が聞こえている。

さらに，「第一人称」には「〜ガル」が共起しないという制約も「視点」の遊離を図れば可能になることが分かる。

(12) テレビに写っているうれしそうな自分の姿を見て
    「皆なと同じように俺もうれしがっているよ。」
(13) 自分の内面を一歩距離を置いて見つめ，自分に話しかける
    「あのころ私は手に入るものは何でもほしがった。」

これらの現象は実はすべて「視点」の移動ということで説明がつくことも明白である。つまり，"omniscent" というのは対象に感情移入し，その対象と同体になり，そのものの感情をダイレクトに表現することを許すということであ

り，言い換えれば，描写の視点を対象に置くということである。また，(12)，(13)の場合，通常は話者に中心を置く「視点」を遊離させた結果，話者を客観視することになり「第一人称＋～ガル」という共起関係が生まれているのである。(13)にいたっては「過去形」(ほしがった)による距離の増長がさらに効果を増している[4]。

次に，「感情・知覚表現の主格選択」の制限が崩れるもうひとつの言語環境，つまり，従属節内に現れる感情・知覚表現について検討したい。よく知られているように形式名詞「の」による名詞化(nominalization)は他の従属節よりも様々な面で強い文法的制約をもっていて，感情・知覚表現の主格選択についても同様のことが言えるようである。また，連体修飾節についても同様のようだ。Kuroda (1973)，Akmajian & Kitagawa(1981)からの例を利用して検討してみる。

(14) a. この子供は熱で ｛苦しい／*苦しがっている｝ のに，泣かない。
　　　b. 歯が ｛痛い／*痛がっている｝ 子供はこの子です。
　　　　　　　　　　　　　　　　(Akmajian & Kitagawa (150)を修正)
(15) 　　メアリーは ｛淋しい／淋しがっている｝ のだ。
　　　　　　　　　　　　　　　　(Kuroda(20), (21))
(16) 　　この子供は ｛*寒い／寒がっている｝ けど，大丈夫だ。
　　　　(cf. 私は ｛寒い／*寒がっている｝ けど，大丈夫だ。)
　　　　　　　　　　　　　　　　(Akmajian & Kitagawa(151)を修正)

(14)においては逆接の接続助詞「のに」のまえでは「苦しい」のみ，また，連体修飾節である(b)の場合も「痛い」のみが容認されている。つまり，これらの環境では第三人称が主格であっても感情表現を述語とすることができるということを意味している。形式名詞「の」とコピュラの「だ」からなる，いわゆる，「のだ文」の例である(15)では，「淋しがっている」も直接形の「淋し

い」も受け入れられている。"reportive style"における独立文の場合，当然，「淋しがっている」しか受け入れられないが，ここでは「淋しい」も容認されるのである。ところが，(16)においては，「のに」と類似した逆接の接続助詞「けど」のまえで，独立文の場合と同じ主格制約が生じ，「寒がっている」のみが許容されるのである。これらがすべて従属節や名詞節であることに疑いの余地はないが，しかし，だからといって，すべての従属節もしくは名詞節では(C)でまとめた主格選択の制約がすべて緩和されるとは言えないことをこれらのデータは示唆している。Akmajian & Kitagawa(1981)は句構造の違いを "Layered Analysis"（階層分析）という方法で記述しているが，それによると「のに」は「けど」よりも従属度の高い節を導き，したがって，より階層の低い（深い）レベルに位置するが，一方，「けど」は，逆に，かなり主文に近い階層に位置すると考えられている。また，(15)については「のだ」が基本的には「ようだ，らしい，そうだ」などのようなモダリティ標示成分であるため，「淋しがっている」も「淋しい」も受け入れられると考えられる。実際，Kurodaは(15)の「淋しがっているのだ」が単に状況説明的なものであるのに反し，「淋しいのだ」は "Mary must be lonely"（メアリーは淋しいに違いない）という意味に近く，「メアリー」の感情を直接表現しているのではなく，むしろ，話者が諸々の状況から判断してそのような推論を下していると言う。

　これまでの観察で言えることは，まず，独立文においては伝達スタイルが "reportive style" なのか，"non-reportive style" なのかによって，感情・知覚表現の主格選択制約の適応・不適応が決定される。また，従属節においては，従属節だからといっておしなべてその制約が揺ぐというのではなく，従属節の種類によって異なりがある。伝達スタイルの違いは，基本的には，話者／ナレータが操作する「視点」の置き方によるものだが，一方，従属節の差異は文法的なものである。藤田(1996: 49)は感情・知覚表現の主格制約は言い切りの文のみに適応するのであり，「従属節」である「間接引用句」には適応しないと断言しているが，「のに」と「けど」の間に大きな違いが認められるよう

に,「間接引用句」を綿密に検討しないで他の従属節と同等に扱うという姿勢には大いなる疑問が感じられる。とりわけ,「間接引用句」にはその間接度の違いによって「直接引用句」に極めて近いものから,その逆のものまであり,厳密な観察を抜きにして藤田のような結論を出すことは危険である。「間接引用句」における感情・知覚表現の現れを次に観察する。

2.3 感情・知覚表現の主格選択と引用

独立文における感情・知覚表現と主格の選択は(C)でまとめたように絶対的人称に基づく関与・非関与の原理で説明できる。しかし,従属節においてはその種類によって振る舞いが違うことが前節の観察で分かった。直接引用句は独立文に匹敵するという立場からすれば,間接引用句は,当然,従属節ということになるが,その場合(C)の制約は全く容態を異にするのであろうか。ここでは「タイ―タガル」のケースからその点を検討する。なお,以下のデータでは,元話者と引用句の主格が同一の場合,その主格(例えば,(17)の場合「君自身」)は省略される(ϕ)か「自分」で表されるのが普通であり,それを「($\Rightarrow$自分／ϕ)」と表す(「ϕ」の場合,当然,主格の「が」は表れない)。

(17) 君は山田君に
 a. {*私／君自身($\Rightarrow$自分／ϕ)／*山田} が家に帰り<u>たい</u>と言ったそうだね。
 b. {私／*君自身($\Rightarrow$自分／ϕ)／*山田} が家に帰り<u>たがっている</u>と言ったそうだね。

(18) 山田君は君に
 a. {*私／*君／山田自身($\Rightarrow$自分／ϕ)} が家に帰り<u>たい</u>と言ったようだ。
 b. {私／?君／*山田自身($\Rightarrow$自分／ϕ)} が家に帰り<u>たがっている</u>と言ったようだ。

独立文で見られる「第一人称＋〜タイ」「第三人称＋〜タガル」という主格選択がここでは全く逆になっていることが歴然と分かる。つまり，元話者が第二人称(「君」)の場合 (例(17)) は「第二人称＋〜タイ」「第一人称＋〜タガル」という共起関係，元話者(例(18))が第三人称の場合は「第三人称＋〜タイ」「第一人称＋〜タガル」となる。一方，伝達者(「私」)が元発話の聞き手(つまり「元聞き手」)である場合には，下の(19)が示すように「第二人称＋〜タガル」(「君が〜ガッテイル」)という共起関係も成立する。

(19) 彼は私に
    a. {*私／*君／<u>彼自身</u>(⇒自分／φ)}　が家に帰り<u>たい</u>と言っていたよ。
    b. {*私／<u>君</u>／*彼自身(⇒自分／φ)}　が家に帰り<u>たがっている</u>と言っていたよ。

それでは，ここで観察した，独立文とは異なる主格選択を行う引用句における感情表現は一体間接引用と見做すべきなのか，あるいは直接引用と見做すべきなのか，どうなのであろう。(17b), (18b), (19b)それぞれの視点分析を行ってみよう。

(17) 君は山田君に
    b. <u>私</u>（＝伝達者，間接）が帰り<u>たがっている</u>（＝元話者「君」，直接）と言ったそうだね。
(18) 山田君は君に
    b. <u>私</u>（＝伝達者，間接）が家に帰り<u>たがっている</u>（＝元話者「山田君」，直接）と言ったようだ。
(19) 山田は私に
    b. <u>君</u>（＝伝達の場の聞き手，間接）が家に帰り<u>たがっている</u>（＝元話

者「山田」，直接）と言っていたよ。

3つとも全て伝達の場の視点と元話者の視点が混じった引用句となっていることが分かるが，であるなら，これらは直接引用と見做すべきなのであろうか。終助詞「よ」か丁寧のモダリティ「ます」を挿入してみよう。

(17')　君は山田君に
　　　b. *私が帰りたがっている<u>よ</u>と言ったそうだね。
(18')　山田君は君に
　　　b. *私が家に帰りたがってい<u>ます</u>と言ったようだ。
(19')　山田君は私に
　　　b.?? 君が家に帰りたがっている<u>よ</u>と言っていたよ。

やはり，「よ，ます」が挿入されると，それは引用句全体を「直接引用」，つまり，独立文としてマークしてしまうので，不適格な引用句となってしまう[5]。したがって，これらは，間接引用句ではあるが，＜視点調整（＋）の原理＞を破らずして適格性を保持できない「準間接引用句」(Semi Indirect Quotation) と見做される。では，なぜ「準直接」ではなく「準間接」かというと，実は，独立文における「私＋〜タイ」という関係が崩れ，「あなた(⇒自分／φ)＋〜タイ」あるいは「彼(⇒自分／φ)＋〜タイ」という共起関係になった場合も，「〜タイ」というモダリティ標示成分のみが直接引用の特性(つまり，元話者の視点)を残すのみで，他はすべて伝達者の視点を反映するからである。次の例を見てみよう。「母」が「知子」に話しかけているところである。

(20)　　母：ちょっと待ってね。あのねえ，知子さん，あのう，きょう（私が会いに）行こうと思っていた先生が<u>こっちへお見えになりたい</u>んですって。家，ご覧になりたいのよね，きっと。

(「隣」を修正)

「～んです(だ)って」が間接性の強い伝聞を表わすモダリティであることは前に見たとおりである。それは，実際，「(こっちへお見えになり)タイ」のがこの「先生」の気持ちであるが，「こっち」がこの話者のいるところ，そして，そこにその「先生」が「お見えになる(「来る」の尊敬語)」という，＜視点調整(＋)の原理＞に則った表現，つまり，間接引用表現であることが分かる。そして，唯一の「直接性」が「タイ」に残されているだけである。「タイ」が直接引用を強く要求して，「そっちへ行きたいんですって」というダイクシス構成にすると，全く変な意味になってしまう。終助詞「わ」を付加するとさらに変なことになる。(「んですって」は「って」に変えておく。)

(20') 母：ちょっと待ってね。あのねえ，知子さん，あのう，きょう行こうと思っていた先生が??? こっちへお見えになりたいわって。家ご覧になりたいのよね，きっと。

したがって，このような引用句は「～タイ」のみに直接性を残す間接引用，つまり，準間接引用と見做すべきである。

「淋しい」「暑い」などの感情表現も伝達の場に基づいた引用を行うと，独立文とは異なる主格選択がなされる。簡単に，いくつかの例を見ておこう。

(21) 内山さんは近所の人たちに
　　a. ｛*私／*あなた／彼自身(⇒自分／φ)｝がとても淋しいと言ってるようだ。
　　b. ｛私／あなた／*彼自身(⇒自分／φ)｝がとても淋しがっていると言ってるようだ。
(22) 内山さんが私に

第 4 章 準間接引用：引用とモダリティ　133

　　a. |*私／*あなた／彼(⇒自分／φ)| がとても淋しいと言ってたよ。
　　b. |*私／あなた／*彼(⇒自分／φ)| がとても淋しがっていると言ってたよ。
(23) あなたは皆に
　　a. |*私／あなた(⇒自分／φ)／*彼| がとても暑いと言ったの？
　　b. |私／*あなた(⇒自分／φ)／彼| がとても暑がっていると言ったの？
(24) あなたは私に
　　a. |*私／あなた(⇒自分／φ)／*彼| がとても暑いと言ったじゃないの。
　　b. |*私／*あなた(⇒自分／φ)／彼| がとても暑がっていると言ったじゃないの。

このように「タイ―タガル」の主格選択は伝達の場に立脚した場合，伝達の場を構成する「伝達者(ワタシ)：聞き手(アナタ)：元話者(ワタシ，アナタ，カレ，ミンナ)：元聞き手(ワタシ，アナタ，カレ，ミンナ)」の間の相互関係で決まってくるということが分かる。それは，次のようにまとめられる。

表2　引用句における「〜タイ」表現の主格選択

話者(a)	元聞き手(b)	引用句の主格(c) ＋ タイ		
私	あなた	○ 私	× あなた	× 彼
私	彼	○ 私	× あなた	× 彼
あなた	私	× 私	○ あなた	× 彼
あなた	彼	× 私	○ あなた	× 彼
彼	私	× 私	× あなた	○ 彼
彼	あなた	× 私	× あなた	○ 彼

注：元話者と引用句の主格が同じ場合，引用句の主語は「自分」か「φ」となる。

表3　引用句における「～タガル」表現の主格選択

元話者 (a)	元聞き手 (b)	引用句の主格(c) ＋ タガル					
私	あなた	×	私	×	あなた	○	彼
私	彼	×	私	○	あなた	×	彼
あなた	私	×	私	×	あなた	○	彼
あなた	彼	○	私	×	あなた	×	彼
彼	私	×	私	○	あなた	×	彼
彼	あなた	○	私	×	あなた	×	彼

ここには大変明瞭な原理が働いていることが分かる。それは独立文における原理とは異なる「相対的人称関係に基づく関与・非関与の原理」と呼べるものである。

(D)　感情・知覚表現の引用句内の主格選択：
　　　　相対的人称関係に基づく関与・非関与の原理
　(a)　「～タイ」はどの様な環境であれ，元話者を引用句内の主格とする。
　(b)　「～タガル」は元話者でもなく，元聞き手でもない人称を引用句内の主格とする。但し，「～タイ」は「暑い，寒い」など，「～タガル」は「暑がる，寒がる」なども代表する

つまり，元話者をピボット(視点軸)として，それに直面する元聞き手，その線から外れる第三者の関係の中で，元話者には「タイ」を，第三者には「タガル」を供給せよ，という規則と言えよう。元話者と元聞き手は元発話に直接関与している対話者なのでお互いの感情・知覚を傍観して「タガル」を使うことはできない。一方，元発話に関与していない第三者の感情は元話者からすれば傍観できるので「タガル」が使える。言い換えれば，「元発話に関与している元話者には「タイ」と，元発話に関与していない第三者には「タガル」を共起させ

る」というのが「相対的人称関係に基づく関与・非関与の原理」である。元話者，元聞き手，第三者の指定は現発話，つまり現伝達の場から遊離させて行われ，元話者が二人称，元聞き手が三人称であれば，一人称，つまり，「私」が「非関与」にあたり「私」に「〜タガル」を付与することになる，ということである。

図2　相対的人称関係に基づく関与・非関与の原理：「タイ・タガル」の場合

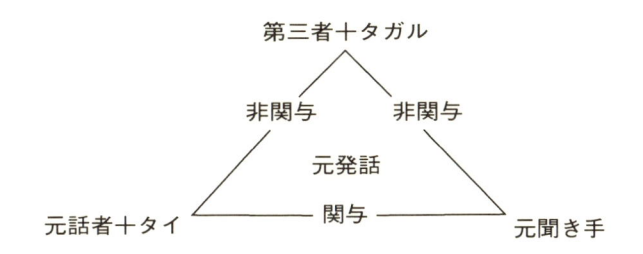

```
           第三者＋タガル
          /            \
      非関与            非関与
        /    元発話      \
       /      関与        \
  元話者＋タイ ――――――― 元聞き手
```

　独立文，つまり，直接引用句においては「タイ―タガル」の主格選択はピボット(視点軸)を話者(第一人称)に置く絶対的人称関係に基づいた関与・非関与の関係で行われるが，(準)間接引用句においては，ピボットが伝達者ではなく元話者に移動し，その元話者には「〜タイ」を，元話者と元聞き手の関係に関与していない第三者には「〜タガル」を付与するという，相対的人称関係に基づいて関与・非関与が決定されるという点が異なるのである。準間接引用句というのはこのように伝達者の視点と元話者の視点を混交させずして文全体の適格性を保てないものである。＜視点調整の原理＞からいうと(±)という表記になろう。

　前に(2.2)視点の移動による「客観視」が「ワタシが〜ガッテイル」(例：私が寒がっている。)などの表現を可能にしたり，あるいは，逆に視点移動がもたらす「感情移入」(共感)が "reportive style" と "non-reportive style" の差異を決定づけていることを観察した。ここで検討した独立文における「絶対的人称関係」が間接引用において「相対的人称関係」に変わるのも基本的にはそ

れらと同じ原理に基づく視点移動が原因であると言えよう。準間接引用において「相対的人称関係」に変わるのも基本的にはそれらと同じ原理に基づく視点移動が原因であると言えよう。準間接引用句はその意味で "reportive style" と "non-reportive style" の中間に位置するものと捉えることができるであろう。

2．4　「述べ立て」のモダリティ：「現象描写文」と準間接引用

前に見たように，現象描写文は独立文においては，発話の場における絶対的人称関係である第三人称以外を主格にすることができない[6]。しかし，引用句内では次の様に，むしろ，第一人称を主格にすることが可能になる。

（3）　|*私／*あなた／子供| が運動場で遊んでいる。
（25）　山田のやつ，僕が外で遊んでいると先生に告げたようだ。

つまり，ここでは独立文の場合と違い，この文全体の伝達者である「僕」を主格とした現象描写文に何ら問題がなくなっているのである。では，(3)で不適格であった第二人称，適格であった第三人称はどうなるであろうか。

（26）　a. 山田のやつ，君が外で遊んでいると先生に告げたようだ。
　　　　b. 山田のやつ，*自分（＝山田）が外で遊んでいると先生に告げたようだ。

したがって，前節で観察した感情・知覚表現と同様，この様な引用においては現象描写文の主格選択は，独立文におけるそれとは全く逆のものになるということである。「山田のやつ」ではなく，この報告の聞き手である「君」が元話者であればどうであろうか。

（27）　君は |僕／*自分（＝君）／山田| が外で遊んでいると先生に告げたらしいね。

ここでもやはり，元話者(「君」)だけを不適格とし，第一人称，第三人称は適格となる。元話者と伝達者が同じ場合は次の様になる。

(28) 僕は ｜*自分(＝僕)／?君／山田｜ が外で遊んでいると先生に告げてしまった。

この様に，元話者が伝達者と同じ，つまり，第一人称であれば，(3)で見た選択制限と基本的に同じになる。従って，(25)から(27)の文を通して言えることは，元話者と同じ人称をこの様な伝達文における現象描写文の主格にすることはできない，ということである[7]。

(25)～(27)に関しては元発話の聞き手が「先生」という第三人称であったが，それが「私」や「あなた」というその発話の場に関与している者の場合はどうであろう。

(29) 君は ｜*僕／*君自身／山田｜ が外で遊んでいると<u>僕</u>に告げたじゃないか。
(30) 山田は ｜*僕／君／*彼自身｜ が外で遊んでいると<u>僕</u>に告げに来たよ。
(31) 山田は ｜僕／*君／*彼自身｜ が外で遊んでいると<u>君</u>に告げたようだね。

(25)～(27)で観察したのと同様，元話者は引用句の主格に立てない。また，当然のことながら，元聞き手((29)(30)では「僕」，(31)では「君」)と引用句の主格が同一であることも不可能である。しかし，伝達の場の対話者(「僕」か「君」)も元発話の場で「非関与」の立場に置かれると引用句の主格として立つことができる。

(32) 山田は ｜僕／君／*彼自身｜ が外で遊んでいると<u>田中</u>に告げたようだ。

これまでの観察を表にまとめると次のようになる。(32)で見た元話者も元聞

き手も伝達の場にいないケースも表の最下部に追加しておく。

表4 引用句における現象描写文の主格選択

元話者(a)	元聞き手(b)	引用句の主格(c)					
私	あなた	×	私	×	あなた	○	彼
私	彼	×	私	○	あなた	×	彼
あなた	私	×	私	×	あなた	○	彼
あなた	彼	○	私	×	あなた	×	彼
彼	私	×	私	○	あなた	×	彼
彼	あなた	○	私	×	あなた	×	彼
彼	彼女	○	私	○	あなた	×	彼

ここでも「タイ・タガル」と同様，大変明瞭な原理「関与・非関与の原理」が働いていることが分かる。

(E) 引用句内の現象描写文の主格選択：

相対的人称関係に基づく関与・非関与の原理

引用句内の現象描写文は元発話の場に直接関与していない第三者を主格にする。元発話に関与している元話者，元聞き手を主格にすることはできない。

つまり，引用句における現象描写文とは「タガル」の主格選択と同様，元発話の場に直接関与していない，つまり，「非関与者」の描写ということである。それは「タガル」が一種の現象描写文であることからも納得が行くであろう（図3）。

図3　相対的人称関係に基づく関与・非関与の原理:「現象描写文」の場合

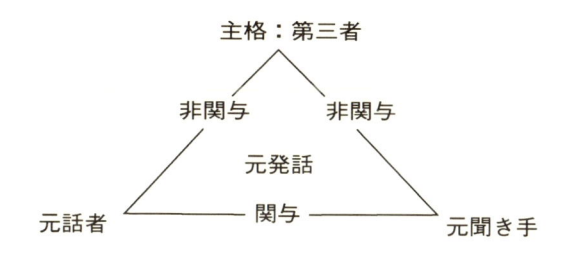

```
           主格:第三者
              △
         非関与  非関与
            元発話
   元話者 ――関与―― 元聞き手
```

ここで観察した (25)～(32) が直接引用句でないことは言うまでもない。例えば，(26a) の引用句に終助詞「よ」を付け加えると，引用句はたちまち独立文と同じ主格の選択を迫られることになる。

(26) a. 山田のやつ，君が外で遊んでいると先生に告げたようだ。
(26') a. 山田のやつ，|*僕／*君／田中| が外で遊んでいるよと先生に告げたようだ。

また，このような現象描写文を引く引用が元発話の場の視点と伝達の場の視点を共存させることで適格性が保てる「準間接引用」であることも，容易に察せられる。

(26) a. 山田のやつ，君(=伝達者の視点，間接)が外で遊んでいる
　　　　 (=「山田」:元話者の視点，直接) と先生に告げたようだ。
(27) 　 君は僕(=伝達者の視点，間接)が外で遊んでいる
　　　　 (=「君」:元話者の視点，直接) と先生に告げたらしいね。

このように引用される感情・知覚表現や現象描写文には，実は，さらに興味深い特徴がある。それは，伝達者と元話者との視点を混じらせるという＜視点

調整の原理＞に対する条件づけだけでなく，その引用句に匹敵する元発話が存在しないということである。

(17) b. 君は山田君に私が帰りたがっていると言ったそうだね。
(33) 君は山田君に「＜*君／X＞が帰りたがっているね」と言ったそうだね。
(26) a. 山田のやつ，君が外で遊んでいると先生に告げたようだ。
(34) 山田のやつ，「＜*君／X＞が外で遊んでいるよ」と先生に告げたようだ。

つまり，いずれの場合も伝達者「私」は元発話の場にはいないか，いても元話者と元聞き手との対話に直接の関わりを持たない第三者である。そして，たまたま，そのような「私」が盗み聞きのような形で耳にするか，誰かにそのうわさを聞いた表現の「X」のところにこの「私」や「君」の名前があり，(例えば，「田中が帰りたがっているね」とか「山田が外で遊んでいるよ」)その表現に「私」(田中)，「君」(山田)を埋めていくという，なんとも，「ゆうれい」のような伝達文となっているのである。言うなれば，「傍観者の引用：ゆうれい文」とでも名付けられそうな表現である[8]。最後に，このような現象が起きるのは，そもそもモダリティの持つ元発話の場を維持しようとする力と，伝達の場が元発話を引きつけようとする力関係の結果，このような形のバランス調整，つまり，準間接引用が生まれるということ，それから，「タイ─タガル」の場合と同様，「ピボット(視点軸)」の移動がこういう現象をおこしているということを強調しておきたい。

2.5 「働きかけ」のモダリティ：「命令」「誘いかけ」と準間接引用

「働きかけ」のモダリティには，ある言表事態が聞き手によって遂行されることを強く期待する「命令」と，聞き手に(あるいは聞き手と共に)遂行される

ことを勧める「誘いかけ」がある。つまり，極めて聞き手志向の強い(つまり，聞き手を指定する)モダリティであり，主格は「命令」の場合は第二人称に限られ，「誘いかけ」の場合も「第二人称」か，もしくは，「我々」という第一人称と第二人称との融合形に限られる。

(1) a. {*私／あなた／*彼}　が行け。（命令）
　　 b. {*僕／君／*彼女}　　も行かないか。（誘いかけ）
　　 c. {私達／*彼}　　　　も行きましょう。（誘いかけ）

このように，聞き手志向が強く，「間接話法化」を拒むものの代表的なものと一般に考えられているが，それにしても，次の文を見れば分かるように，これまで見た「準間接引用句」の生成を拒むものではない[9]。以下の例における人称詞の解釈は伝達の場に立ったもの，つまり，間接読みであり，適格性の判断もそれに基づいたものであることを再度断っておく。

(35) a. 僕が行けという返事が返ってきた。
　　 b. {*君／?山田} が行けという返事が返ってきた。
(36) 　 僕が来いと山田先生がおっしゃるものだから，来ざるを得ませんでした。
(37) a. 僕も行かないかと花子が誘いに来た。
　　 b. {*君／*山田} も行かないかと花子が誘いに来た。
(38) 　 僕も参加しないかとみんなによく勧められるのだが，一度も参加したことはない。

これらの文における「僕」はもちろん伝達者を指すが，それでいて適格文である[10]。(35b)，(37b)における「君」「山田」はいずれもこの発話の場における第二，第三人称を指すことになり，その意味で不適格文となる。また，

(35a)，(36)，(37a)，(38)の引用句が伝達者の視点と元話者の視点の混合する「準間接引用句」であることも明らかである。

- (35a) 僕（＝伝達者の視点：間接）が行け（＝元話者の視点：直接）という返事が返ってきた。
- (37a) 僕（＝伝達者の視点：間接）も行かないか（＝元話者の視点：直接）と花子が誘いに来た。

また，これらが直接引用句ではないことも，終助詞「よ」や丁寧のモダリティ「ます」を加えてみれば容易に判断できる。

- (35a') *僕が行けよという返事が返ってきた。
- (37a') *僕も行きませんかと花子が誘いに来た。

引用句内の「命令文」と「誘いかけ文」の主格選択は，命令と誘いかけの対象が元発話における第二人称に限られるという制限から，感情表現や現象描写文の引用とは必ずしも平行しない。まず，「命令文」の場合を観察する。

なお，元発話の主格と伝達者が同じ場合（例えば，君が行けと君は僕に言った。）はあり得ない状況なので考察の対象から外す。また，ここでの各人称は伝達の場におけるそれぞれを指すことをもう一度断っておく。

- (39) a. 僕は　　君に　　　　｛君／??あいつ｝が来いと言ったじゃないか。
  b. 僕は　　あいつ(i)に　　｛??君／あいつ(i)｝が来いと言ったんだ。
- (40) a. 君は　　僕に　　　　｛僕／??あいつ｝がしろと言ったじゃないか。
  b. 君は　　あいつ(i)に　　｛?僕／あいつ(i)｝がしろと言ったようだね。
- (41) a. あいつ(i)は　僕に　　｛僕／??君｝が来いと言ってたぞ。
  b. あいつ(i)は　君に　　｛?僕／君｝が来いと言ったようだね。

非常に微妙な適格性判断をこのような作例のデータに行うことは，筆者の意図するところではないが，この類いの自然発話データを得るのは極めて困難なので御容赦願いたい。しかし，ここで少なくとも言えることは，独立文における場合と同様，引用句（命令文）の主格と元発話の聞き手が同じであれば，それが何人称であれ，適格な引用文ができるということである。(39a)は基本的には直接引用と同じであるので，問題が全くないが，(39b)の「あいつ」，(40a)の「僕」，(40b)の「あいつ」，(41a)の「僕」，(41b)の「君」というように適格な「準間接引用句」が生まれている。これは，絶対的人称であれ，相対的人称であれ，「命令」の受け手，つまり，「命令文」の主格は「聞き手」でなければならないということを意味している。この事実は，「タイータガル」「現象描写文」の場合と同様，基本的には「ピボット（視点軸）」の移動がこのような現象を起こしていると言えよう。

命令文の受け手と聞き手が一致しない場合，(39a)の「あいつ」，(39b)の「君」，(40a)の「あいつ」，(40b)の「僕」，(41a)の「君」，(41b)の「僕」についてはどうしても「？／??」が付くが，それでもまだ，伝達者である「僕」は許容度が他よりは高いようである。実際，次のような「うわさ文」の場合，全く問題がない。

(42)　山田先生がみんなに<u>僕が行け</u>とおっしゃったようなので，来ました。

(42)の元話者は第三人称，元聞き手も「みんな」という第三人称。また，引用句の主格「僕」は「山田先生」と「みんな」との「対話」に関与せず，その対話に「傍観者（傍聴者）」的に触れているのである。「あなたたちが行け」というような元発話が存在したのかどうかも分からない状況で「僕が行け」という引用句が創造されているのである。このようなことが元聞き手が「みんな」に限られる例外的なものなのか，あるいはもっと一般性のあるものなのか，さらに検討してみる必要があろう。

さて，次に，「誘いかけ文」が引用される場合の主格選択を観察する。なお，引用動詞は「誘う」として，引用句内の誘いかけ文が「誘い」の発語内行為を保てるようにした[11]）。

(43) a. 僕は　君に　　　｛君／*あいつ｝　も行かないかと誘ったんだよ。
　　　b. 僕は　あいつ(i)に　｛*君／あいつ(i)｝　も行かないかと誘ったんだけどね。
(44) a. 君は　僕に　　　｛僕／*あいつ｝　もやらないかと誘うけど…
　　　b. 君は　あいつ(i)に　｛*僕／あいつ(i)｝　もやらないかと誘ったようだね。
(45) a. あいつが　僕に　｛僕／*君｝　も来ないかと誘うから来たんだ。
　　　b. あいつが　君に　｛*僕／君｝　も来ないかと誘ったそうだね。

ここでは「命令文」の場合よりさらにはっきりした状況が分かる。まず，独立文の場合と同じように，引用文の場合も「誘い」を受けるもの(元発話の主格)とその「誘い」の聞き手(元発話の聞き手)は同じでなければならない。つまり，絶対的人称であれ，相対的人称であれ，「誘い」の受け手，つまり，「誘いかけ文」の主格は「聞き手」でなければならない。命令文の場合と異なり，元発話に関与しない人称，(43a)の「あいつ」，(43b)の「君」，(44a)の「あいつ」，(45a)の「君」，(44b)と(45b)の「僕」は全く受け入れられない。元発話の聞き手を「みんな」というように「ゆうれい文」を作ってみても事態は変らない。

(46)　　山田先生がみんなに??僕も行かないかと　誘っているようだ。

どうしてこのような差が出るのか定かでないが，おそらく，「誘い文」が「～ないか」という否定疑問の形を取る分，それだけ，「聞き手」の指定が

はっきりしてくるからではないかという気がする[12]。

　本節では「聞き手志向」の発話を代表し，通常，「直接引用」しか可能でないとさえ考えられている「命令文」と「誘いかけ文」も伝達の場に則した引用を行うことができることを観察した。しかし，引用句におけるそれらの主格は，元発話の聞き手と同じでなければならないということを確認した。これは，独立文における主格選択が絶対的人称関係にある第二人称であるのに対し，引用句の場合は相対的人称関係にある「聞き手」になるという原理だが，「聞き手」の指定が絶対的人称関係に基づくか，相対的人称関係に基づくかの違いがあるのみで，これら「働きかけのモダリティ」を持つ表現が「聞き手」を指定するという特性を持つことには何ら変わりがない。言うまでもないが，独立文の場合と引用句の場合の変換は「タイ―タガル」「現象描写文」の場合と同じように，「ピボット(視点軸)」の移動によって操作されており，できあがった引用句は伝達者の視点と元発話の話し手の視点が混淆した「準間接引用句」である。以上をまとめると次のようになろう。

(F) 相対的人称関係と「聞き手」の指定：
　　　「準間接引用句」における「働きかけのモダリティ」の主格選
　　　択は元発話の聞き手を引用句の主格に置く。

2.6　その他のモダリティと準間接引用

　これまでは仁田のモダリティ研究に基づいて引用句における主格選択とその結果生じる準間接引用句の形態を観察してきた。「関与・非関与の原理」が働く現象はまだ，他にもある。また，主格選択のみならず，「間接引用」の節で検討したように，方向動詞，授受動詞なども言語環境によっては，＜視点調整(＋)の原理＞に則することができず，準間接引用句を形成する場合もある。それらの観察をまず行い，それから，節を改めて本章の冒頭に述べたように日本語の引用に関して筆者とは考えを異にする藤田(1996)につい

て，その分析の問題点を指摘し，本章のまとめとする。

2.6.1 様態の「〜ようだ」「〜そうだ」など

まず，知覚表現に属するモダリティ「〜ようだ」「〜そうだ」（様態）の主格選択は次のようである。

(47) {*私／？あなた／彼女} が行くようだ。
(48) {*私／？あなた／彼女} が行きそうだ。

つまり，独立文は「現象描写文」と同じ共起関係を持つ。しかし，それが伝達の場に則して引用されると，視点軸の移動が生じ，主格選択が変化する。

(49) a. あなたは {私／?? あなた(⇒自分／φ)／彼女} が行くようだと山田さんに言ったそうですね。
b. 山田さんは {私／あなた／?? 彼女(⇒自分／φ)} が行くようだとあなたに言ったそうですね。
(50) a. あなたは {私／?? あなた(⇒自分／φ)／彼女} が行きそうだと山田さんに言ったそうですね。
b. 山田さんは {私／あなた／?? 彼女(⇒自分／φ)} が行きそうだとあなたに言ったそうですね。

このような現象は日本語のみに限らず，英語でも観察できる。

(51) a. {?? I／You／He} appear(s) to be competent.
b. You are saying that {I／?? you／he} appear(s) be competent, right?
c. He$_{(i)}$ is saying that {I／you／?? he$_{(i)}$} appear(s) to be competent, right?

(52) a. {??I／You／He} seem(s) to go.
　　 b. You are saying that {I／??you／he} seem(s) to go there, right?
　　 c. He₍ᵢ₎is saying that {I／you／??he₍ᵢ₎} seem(s) to go there, right?

さて、これまで観察したモダリティは主格選択において特殊性を持つものであったが、判断のモダリティ「だろう、かもしれない、まい」、伝聞のモダリティ「そうだ、らしい」などは主格選択については自由である。したがって、それらの引用句内の振る舞いを知るには他のダイクシス成分に注目する必要がある。次は鎌田(1983: 112)からの例である。

(53) a. 昨日、太郎は僕に、「明日は誰も君の家へ行かないだろう。」と言った。
　　 b. 昨日、太郎は僕に、今日は誰も僕の家へ来ないだろうと言った。

ここで問題にしたいのは(53b)の解釈である。つまり、「今日」「僕」「来ない」は文全体の話者(伝達者)「僕」の視点に基づいた解釈、間接引用読みができるか、それとも、それらはこの引用句の話者「太郎」の視点にたった解釈、直接引用読みしか許さないかと言うことである。当時、筆者(鎌田1983)は、判断のモダリティ「だろう」はそれに先行するすべてのダイクシスを「直接話法」読みにすると考えていた。したがって、(53b)は直接引用読みしか可能でない。(53a)は(53b)に匹敵する直接話法ではなく、(53b)には「」がなくても、実は、「今日は誰も僕のうちへ来ないだろう」という直接引用句を形成していると見做していた。それは、モダリティは発話時における言表事態に対する話者自身の態度であり、それを誰人も代弁することはできず、モダリティを含む表現は直接引用でしかないと考えたからである。逆に言うと、間接引用はモダリティのないもの、つまり、命題のみを引用するという考えを模索していた。しかし、これに関しては、廣瀬(1988)が、(53b)の直接話法読みを肯定しつつ

も，しかし，(53b)には間接引用読みも可能であるということを，次の反例で示し，「引用句命題説」を否定する根拠としてきた。

(54)　太郎はきのう僕に，<u>今日</u>は<u>誰も僕</u>の家へ来ないだろうと言ったけれど，実際には十人も<u>やってきた</u>。(廣瀬(1988: 13)，下線は筆者)

確かに，(54)においては「今日は誰も僕の家に来ない」が「僕」の解釈(＝間接引用読み)が可能で，「だろう」のみが元話者「太郎」の解釈(＝直接引用読みという，筆者の言葉で「準直接引用」)になると捉えることは可能である。しかし，それはモダリティ「だろう」自体の内在的能力が原因ではないことを認める必要があろう。

山内(投稿中)は文脈の及ぼす引用句におけるモダリティとダイクシス変換の関係に対する影響を調べ，次のような提唱を行っている。なお，ダイクシスは述語ダイクシス(つまり，句末の動詞)とそれ以外の補語ダイクシスの2類に分けて検討している。

① 終助詞「よ，ね，ぞ等」と丁寧の「です，ます」はどの様な文脈があっても引用に際し，ダイクシス変換に影響を受けない。
② 「働きかけ」(命令，依頼，勧誘など)を表わすモダリティはダイクシスの変換を基本的には許さないが，視点の変更を促す談話文脈があれば「補語ダイクシス」(つまり，主格，目的格，場所，時間表現など)の変換をある程度許す。
② 「判断」(「だろう，だ，かもしれない」など)を表わすモダリティは「補語ダイクシス」の変換は「ごく普通」に許すが，「述語ダイクシス」(述語に表れるダイクシス，授受・方向動詞など)の変換は基本的には許さない。しかし，視点の変換を促す談話文脈があれば，その変換も可能になる。

つまり，引用に際して起こるダイクシス変換は「終助詞，丁寧」＜「働きかけ」＜「判断」の順でその許容度が高くなり，その波及はまず「補語ダイクシス」に及び，それから「述語ダイクシス」に及ぶという主張である。(57)の引用句に間接引用読みが可能なのは「実際には十人もやってきた」という「視点の変換を促す談話文脈」があるから，それが可能なのだという。山内の分析は的を射たものと言うべきであろう。筆者の立場から言えば，「判断」のモダリティ形式は，これまで見てきた「表出」のモダリティや「述べ立て」のモダリティ(現象描写文)と同じく，文全体を元話者の視点からの表現・解釈に指定するほど現場指示力の強いものではない，と言うことである。

　モダリティとはある発話に対し「これは私のものである」というハンコを押すようなものである。しかし，そのハンコは他人への転化が可能なものもあれば絶対に不可能なものもある。本節で観察した，「感情表現」「現象描写」「命令」「誘いかけ」というモダリティは，その意味で前者に属するものである。そして，それらのモダリティを持つ発話が引用されると，伝達者と元話者の視点の混交を許さずして文の適格性を保つことのできない「準間接引用句」(Semi-Indirect Quotation)という引用スタイルが生じるということが分かった。独立文の場合における「絶対的な人称関係」とは異なり，準間接引用における主格選択は「相対的な人称関係」に基づいて行われるということも分かった。そして，このような「絶対的・相対的人称関係」の相違はKuroda(1973)の言う"reportive／non-reportive styles"の差異がそうであるように，発話の場に固定された視点軸が引用という言語行為を通して相対的な位置に移るという現象として説明できる。

3. まとめ：「準間接引用」の位置づけ

　日本語の引用について一連の研究を行っている藤田保幸は大阪大学国語国文学会紀要『語文』65 (1996)において，筆者が主張する「準間接引用」は解消

すべきだという主張を行っている。紀要という性格上一般には目にしにくく筆者自身も本書の完成間近までその存在に気づかなかった。しかし，そこには筆者の分析に対する誤解が見られるだけでなく，「話法」の区分に対して筆者とは極めて異なる論が取られていることが判明した。ここにその違いを明らかにすることにより，筆者が本章で主張してきた「準間接引用」のより明確な位置づけを試みたい。

藤田の主張は結論から言うと，次のようにまとめられる：

(a) 「話法」とは「直接話法」と「間接話法」の対立よりなる文法的カテゴリーであり，引用句における「伝達のモダリティ」[13]の有無のみがそれを区別する。
(b) 「伝達のモダリティ」を含まない「間接話法」に現れるいかなる表現も（命令表現であれ，感情表現であれ），伝達者の視点のみを表すのであり，元話者の視点とは関係がなく，それゆえ，視点の混淆からなるとされる「準間接引用」を認める必要もない。

一方，筆者の立場は次の如くである：

(a) 「直接話法」と「間接話法」は連続線上の2極の両端に位置し，その間に次章で観察する「準直接引用」と本章で検討した「準間接引用」という「節々」が存在する。
(b) 引用句の様相は＜視点調整の原理＞と＜発話生成の原理＞がどのように適応されるかによって，より直接話法的にもなれば，また，より間接話法的にもなる。したがって，直接引用句でさえも，それが「二卵性」のものであればなおさら，引用句の中に伝達者の視点と元話者の視点が混淆して現れることは普通である。

さて，藤田が上述のように主張し，「準間接引用」解消論を展開する根拠の中心は，「感情述語の主語に対する共起制約は，それが基本形で言い切りの文の述語に用いられたときに認められ…間接引用の引用句にはもともと考えられないものである」(pp. 40-42)という点にある。つまり，筆者(鎌田)は言い切りの文にしか適応しない共起制約がそのまま間接引用にも適応するという誤った前提で論理展開を続けた結果，「準間接引用句」なるフィクションを生み出してしまった，と藤田は言うのである。しかし，感情述語を含む表現を伝達の場に則して引用する際に，どの様なことが起きるかを観察した結果，我々が見いだしたものは，言い切り文に存在する絶対的人称に基づく共起関係ではもちろんなく，伝達の場への「調整」を経て，伝達の場と元発話の相互に関係を持つ「相対的人称関係」に基づく「共起関係」なのである。「共起制約」は独立文にのみあり，文の一部となった間接引用句には全く存在しないというのは，絶対的人称関係にもとづく「共起制約」について言えても，相対的なそれについては言えないのである。間接引用句をおしなべて他の従属節(地の文の一部)と同じように扱うという姿勢こそ，未検証の事柄を暗黙のうちに真とする誤った前提に立って論を組み立てていくということではなかろうか。

藤田はさらに間接引用句には感情述語と主格選択の制約などなく，したがって，準間接引用句を認める必要はないとする理由から，感情述語からなる間接引用句もすべて伝達者の視点によるものだと主張する。少々長くなるが，藤田の論を引用する。

> 「間接引用句」においては「共起制約」がもともとないのだから，「私」と「〜ガッテイル」が相容れないものと考える理由はなく，従って，別々の視点による言い方だとする論拠はないはずである。逆に言えば，「私がさみしがっている」のような間接引用形も，引用に際し「私」という間接的な言い方がとられるとともに，「〜ガッテイル」という言い方も全文の話し手によって選びとられたものだから，とも

に同じ全文の話し手の視点によるものと言ってもいいはずで，その点通常の間接引用と何ら変わりなく，特別視する必要はないのである。

(p.42，傍点筆者による)

しかし，「通常の間接引用」とは一体何なのであろうか。「通常の間接引用」が一切の共起制限をもたず，引用句内の表現もすべて全文の話し手(伝達者)の視点によるものであるというなら，日本語の話法が曖昧であるということなど誰も問題にしないであろう。むしろ，現実は「通常の間接引用句」には元発話の話者の「顔」(あるいは「声」)が頻繁に現れるのである。「ワタシが〜ガッテイル」いう表現もそのようなものの一例なのである。独立文における「共起制約」が従属節，名詞節，連体修飾節において必ずしも崩れたり，解消したりするものではなく，節の種類によって異なる様相を呈するということはすでに指摘済みである。間接引用句という従属節には絶対的人称関係ではなく「相対的人称関係」による共起関係が存在するという我々の観察からすると，藤田の分析は事実認識を欠いたものとしか言えないであろう。

藤田はさらに間接引用における「場」の消滅とそれゆえの「共起関係」の不在を説く。

こうした「共起関係」は，その文の「発話の場」と結びついたものである。…だとすると，こうした「共起関係」は間接引用の引用句にはもともと考えられないものである。なぜなら，もとの「発話の場」の秩序を再現して二重の「場」を形づくる直接引用の引用句に対し，そうしたもとの「発話の場」の秩序が改編されて地の文に従属するものとなった(の sic)が，間接引用の引用句だからである。…間接引用の引用句においてはもともとの「場」が消えているわけだから，そのもとの「場」と結びついた「共起関係」などあり得ないのである。

(pp. 41–42)

「間接引用」が元の「発話の場」から離れたものであることは言うまでもない。しかし，それが元の「発話の場」からどの程度離されたものなのか，それが問題なのである。藤田の上の叙述のごとく「切り離された」ものと捉えてしまうと，間接引用句においては元の発話の場で見られる言語現象はすべて「間接化」され，すべての制約を解消してしまうということになる。「直接引用」と「間接引用」が「場の二重性」と言う点において大きな差異を見せることはこれまで指摘してきた通りである。しかし，それと同時に，第1章で見た砂川(1988: 19)の指摘にもあるように間接引用であれ「～と」で結ばれる引用句にはまだ「場」の保持があるのである。

(55)　(=1.3 (35))
　　　a. 太郎は花子には会わなかったと否定した。　　　(砂川, 9(a))
　　　b. 太郎は花子に会ったことを否定した。　　　　　(砂川, 9(b))

(a)と(b)の違いは引用句が「場の二重性」をまだ保持しているが「こと」節にはそれがないということを示している。間接引用であるからと言って「場の二重性」が全くなくなっているのではない。問題は「どの程度」場の二重性に変化が生じるかということである。つまり，主節(言い切りの文)における共起制限がどのように「改編」されるかということが問題なのであり，間接引用において「僕が行けということだから…」とか「私がさみしがっている」となるのを「…同じ全文の話し手の視点によるものと言ってもいいはずで，…(藤田1996: 42　傍点筆者) …何ら特別視する必要のない，あたりまえの間接引用の形と考えてよい」(藤田1996: 44　傍点筆者)とするのは非常に大胆な間接引用観と言わざるを得ない。「文法的カテゴリー」として「直接話法」と「間接話法」のみを認めるとする藤田の立場は，まだ，理解できる。しかし，このように「場」の二重性まで否定してしまうと，話法の「文体論的」なバリエーションも否定してしまうことになり，「文法論」「語用論」「文体論」とはっきりと

した境目のない分野で研究を行わなければならない引用・話法研究に対して藤田は何を目指しているのか定かでないと感じるのは筆者だけなのであろうか[14]。

繰り返すが，筆者が行ってきた分析は，伝達の場に沿った引用を行う際，元発話の場に見られる文法事象が伝達の場にどれほど保持されるのか（あるいは間接化されるのか）ということである。引用句の中にどれほど伝達者の「視点」が盛り込まれるか，あるいは，伝達者がどれほど引用に「介入する」のかということで引用の間接度を図ろうとする考えは著者自身に限ったものではない。例えば，Leech & Short (1991) は小説技法に見られる "narrator"（伝え手）の "commitment"（介入）の度合いによって話法の種別を行い，

多←――――――――――― 介入度 ―――――――――――→少
　Narrative Report of Action　（行動報告）
　　＞Narative Report of Speech Action　（言語行動報告）
　　　＞Indirect Speech　（間接話法）
　　　　＞Free Indirect Speech　（自由間接話法）
　　　　　＞Direct Speech　（直接話法）
　　　　　　＞Free Direct Speech　（自由直接話法）

というスケールのなかで間接話法などの位置づけを行っている。筆者の立場も，Leech & Short のそれと基本的に通じるものである。

注
　1)　「問いかけ」(つまり「〜か」)はもっとも制限の緩いモダリティということである。
　2)　「たがっている」は「表出」から「述べ立て」に変化していることを示す。
　3)　「待ち望み」ではないが「表出」としておく。
　4)　寺村 (1981: 148) は「感情表現」が発話時点のもの (つまり，現在形) であるかぎり「感情の直接表出」というムードとして機能するが，それが過去形

を取るなどすれば（例えば、「老人ハソノコトガウレシカッタ」）、「事実描写の物語り文」に代わってしまうということを指摘している。

5) (19'b)に＊ではなく??の判断がついているのは、現伝達の場にいて、伝達者と面と向かって話し合っている「君」そのものの存在に引かれて、「よ」が持つ直接引用の標示力、つまり、この「君」に「伝達者」であり、元聞き手である「私」を指示させる力が弱まっているからだと考えられる。

6) 「タイ―タガル」の場合と同様、この制約が"reportive sentence"（伝達スタイル）のモードに限られることは言うまでもない。視点を「遊離」させれば、第一人称を主格にすることも可能になる。
　　　（テレビに写る自分の姿を見て）あ、俺が出ている！

7) 引用句内の「～タイ」が元話者と同じ人称を要求し、「～タガル」が元話者でも元聞き手でもない人称を要求したのと平行していることに注意されたい。

8) これも引用は元発話を再現するというより、創造するとする「引用句創造説」を支持する傍証のひとつであろう。

9) この言語事実は久野(1978: 275)等様々なところで指摘されている。

10) もちろん、直接引用としてとらえれば、「君」の選択はよくなる。しかし、それでも(37b)の場合、花子が「君」という男言葉を使うと想定しなければならないが。

11) 「言う」にはそのような発語内行為を保持する力がなく、「～ないか」という表現が単に「疑問」の意味しか持たなくなる可能性がある。例えば、(41b)は「あいつが君に｜僕／君｜も来ないかと言ったそうだね。」とすると「僕」が受け入れられてくる。しかし、それは「僕も来ないか」が単なる「疑問」（つまり、僕が来るかどうか）の意味に変わるからであろう。中園(1994)は「願望」を表す場合、間接引用における「言う」はそのような発話行為を保持できないと指摘している。

12) ここでもやはり、引用動詞を「誘う」ではなく、「言う」にすると適格性が増してくる。しかし、それは(41b)と同じ現象であると考えられる。
　　　「山田先生がみんなに？僕も行かないか　と言っているようだ。」

13) それが何であるか具体的な定義はなされていない。

14) 藤田はこの他にも間接引用における授受動詞、文の類型と意味などの検討も行っている。詳細は藤田(1996)を参照願いたい。

第5章

準直接引用，直接引用（再考）と衣掛けのモダリティ

　前章では，文の類型に影響を及ぼし，文の主格を指定するモダリティが引用句内では独立文のそれとは違う形態を示すありさまを見た。それは元話者と伝達者の視点が混交する「準間接引用句」という形となり，ある言表事態に対する話者の態度のうち，述語部は元話者の態度には違いないが，主格部は伝達者のものになるという引用表現の模様を探った。最後に「判断」のモダリティ形式「だろう」を含む引用句は「視点変換を促す文脈」（山内（投稿中））があれば，補語ダイクシスのみならず，述語ダイクシスの変換も許容するケースを観察した。ここで注目すべきことは，そのようなモダリティにも，「です，ます，よ，わ，イントネーション」等のモダリティ標示成分が付加されるとダイクシス変換が完全にブロックされるという言語事実と引用句との関係である。

1. 準直接引用

　すでに第2章で観察済みではあるが，「視点変換を促す文脈」がなくて，一

応，直接引用の標示を保持する場合と，「です，ます，よ，わ」などが付加され確固たる直接引用を標示する場合とはどのように文法記述されるべきであろうか。前章(53)を利用した「だろう」と「かもしれない」を例に，それらを対比させてみよう。

(1) a. 昨日，太郎は僕に，今日は誰も僕の家へ来ないだろうと言った。
b. 昨日，太郎は僕に，今日は誰も僕の家へ来ないだろうねと言った。
c. 昨日，太郎は僕に，今日は誰も僕の家へ来ないでしょうと言った
(2) a. 私が任命されるかもしれないと娘が私を喜ばせた。
b. 私が任命されるかもしれないわと娘が私を喜ばせた。
c. 私が任命されるかもしれませんと娘が私を喜ばせた。

「ね」「です(でしょう)」「わ」「ます(ません)」を伴う(b)，(c)はいかなる文脈であっても引用句内のダイクシスの間接引用読みを許さないが，(a)はそうではなく文脈によっては準間接引用になってしまうという，この違いである。つまり，(1a)において引用句内の「僕」は元話者の「太郎」でもあれば，伝達者の「僕」でもあり得る。同様に，(2a)の引用句内の「私」は元話者の「私」でも伝達者の「私」でもあり得る。しかし，(b)，(c)は直接引用読みしか可能でなく，(1b, c)の「僕」は「太郎」でしかあり得ず，また，(2b, c)の「私」も「娘」でしかあり得ない。鎌田(1988)では「劇的効果」の有無ということを指摘し，(a)のような直接引用にはそれがなく，一方，(b)，(c)にはそれがあるということから，前者を**準直接引用**('Semi Direct Quotation' Kamada, 1986)と呼び，後者のれっきとした直接引用と区別した。「**劇的効果**」(Dramatic Effect)というのは，臨場感を醸し出し発話らしい発話を創造するための大切な要素である。そして，それが，直接引用には欠かせないものであることは第2章で見たが，ここでは，この点をさらに追及し，直接引用と準直接引用の文法的差異を検討する。

仁田(1991)は「です，ます，よ，わ，ね，イントネーション」等のモダリティは文の類型に影響を及ぼすことのない「副次的モダリティ」と呼び，「働きかけ，誘いかけ，表出」など，これまで観察してきた文の類型に影響を及ぼすモダリティと区別しているが，そうすると，一般に直接引用の代表的なものとされてきた「働きかけのモダリティ：命令文」が引用されると，直接引用ではなく「準間接引用」にもなり得るという言語事実はどう説明すべきであろうか。この問いに答えるためには，多くの引用・話法研究において帰納的に信じられている「聞き手めあてのモダリティを持つ表現は間接話法化しにくく，直接話法として引用される」という推論をもう一度考え直す必要があろう。

ここでは，間接話法化を完全に阻止するものは，「聞き手めあて」という概念によるモダリティではなく，ここで「スタイルのモダリティ」，あるいは「衣掛けのモダリティ」と呼ぶ，ある発話を真にその話者自身のものであると「色づけ」，「衣掛け」するモダリティであることを主張したい[1]。「衣掛け」の終わっていない，いわば「はだか」の状態の「準直接引用」は，状況によっては「準間接引用」にも変身してしまう可能性を含んでいるが，「衣掛け」が終わっている「直接引用」にはそのような可能性は全くない。そのように大切な文法的役割を演じるのがこの「衣掛けのモダリティ」である。

第3章の「間接話法の定義」のところで紹介，検討したように「聞き手志向性」という概念を正面から取り上げ，それを引用研究に適応しているのは廣瀬(1988, 1997)，Hirose(1995)であろう。廣瀬(1988)によると，言語にはレベルの違いによる表現の違いがあるとし，伝達を目的とした言語表現行為を「公的表現行為」と呼び，伝達を目的としない言語表現行為を「私的表現行為」と呼ぶ。そして，前者は聞き手の存在を考慮に入れるが，後者は考慮に入れない，つまり，前者は「聞き手志向表現」であり，後者は聞き手への志向性を欠く私的表現，一定の思いを表現したものにすぎない，という。前者の典型的なものは「よ，ね」などの終助詞，「走れ」などの命令表現，丁寧体の「です，ます」などをあげている。そして，「直接話法とは『公的表現』の引用であり，

間接話法とは『私的表現』の引用である。」という (pp.8-9)。

なるほど，筆者自身も Kamada (1986) では話法の選択には発話行為が聞き手志向 (listener-oriented) なのか話し手志向 (speaker- oriented) なのかということが大きな影響を及ぼすと考えた。このような考えは，砂川 (1989)，中園 (1994) など，多くの引用研究に共通するものである。実際，「聞き手志向」ということは，廣瀬も言うように，そこに「聞き手」を想定することであり，したがって，「です，ます」等の丁寧さを加えることに意味が生じ，それ故，直接引用句が生まれることも事実であろう。また，「よ，わ，ね」等の終助詞も同様，聞き手の想定が前提でなければ，使用不適格ということになろう。逆に，自己内向的な「話し手志向」の発話の代表である「～と思う」という表現にそれらの聞き手志向表現を加えると，水と油を混ぜるようなもので，全く不適切な表現（例えば，「*私は行きますと思います」）となってしまうことも，納得の行くことである。

しかし，それでは，聞き手志向のこれまた代表的なものであり，廣瀬もその典型的なもののひとつとして挙げている「命令文」は当然「直接引用」しか許すべきではないにもかかわらず，これまで，何度も見てきたように主格選択において(あるいは，ダイクシス表現を持つ他の補語表現においても)「準間接話法」を許すのである[2]。さらに，聞き手の存在を考慮に入れない終助詞「かな，かしら」(下降イントネーションの場合)が引用句に現われた次の例を見ると，「聞き手志向の発話」を「直接話法」に，「話し手志向の発話」を「間接話法」に直結させることには大きな問題があることがよく分かる。

(3) 　　今日は誰も来ないのかしらと花子は思った。
(4) a.「あなたも行きませんか」と花子が誘いに来た。
　　b. 僕も行かないかと花子が誘いに来た。
　　c.*僕も行かないかしら／かなと花子が誘いに来た。

(3)は「かしら」が「思う」と共起できる「私的表現」であることを示す。一方，(4b)は(4a)の引用表現から「ます」を取り，この発話の場に合わせた間接引用である。しかし，(4c)は「かしら／かな」が原因で「僕」との共起ができなくなり，非文となっているのである。つまり，(4c)は次の様な「直接引用」でなければ，適切性が保てないのである。

（5）　あなたも行かない<u>かしら／かな</u>と花子が誘いに来た。

「かしら／かな」以外にも話し手志向の終助詞であるにもかかわらず，ダイクシス変換をブロックし，「直接引用句」(つまり，独立文)しか導けない助詞は他にもある。関西弁や年配者に特徴的な下降イントネーション，つまり，「話し手志向」の「わ」(Kitagawa, 1977)，「の」などがそうである。

（6）a. 君は私が一番賢そうだと山田さんに言ったようだが，そんなことはないんだよ。
　　　b.*君は私が一番賢そうだ<u>わ</u>と山田さんに言ったようだが，そんなことはないんだよ。
（7）　君は山田さんに
　　　a. 僕が帰りたがっていると言ったそうだね。
　　　b.*僕が帰りたがっている<u>の</u>と言ったそうだね。

(6)，(7)ともに(a)は準間接引用で適格だが，(b)は終助詞の出現により間接化がブロックされていることを示す。

代表的な「聞き手志向」である「命令文」も，準間接引用になり得るが，それにも終助詞「よ」などが添加されるとダイクシスの変換がブロックされ直接引用でしかあり得なくなることもすでに前節で観察済みである。

(8) (=4.2.5 (36))
僕が来いと山口先生がおっしゃるものだから，来ざるを得ませんでした。
(8') ＊僕が来いよと山口先生がおっしゃるものだから，来ざるを得ませんでした。

このように，「聞き手志向／話し手志向」とか「公的発話／私的発話」というような概念で「直接引用」「間接引用」を説明することには，かなりの無理があることが分かる。むしろ，発話そのものに話者の指紋(声紋)を丁寧に貼りつけるような，発話者のムードそのものを示すイントネーション，終助詞，丁寧の「です，ます」などの有無こそ，間接化を許すか許さないかのスイッチなのである。「直接引用」とはそれが元発話との類似を目指したもの(「一卵性直接引用句」)であれ，そうでないもの(「二卵性直接引用句」)であれ，それは発話を発話たらしめる「衣掛けのモダリティ」に包まれているのである。一方，「準直接引用」にはそのような「衣掛け」が施されていないがため，たとえ＜視点調整の原理＞からして引用句全体が元話者よりの視点に立ったもの(「直接引用」)であったとしても，文脈の影響を簡単に受け，「準間接引用」にもなってしまうのである。また，このように「衣掛けのモダリティ」に欠ける「準直接引用」が引用句内にダイクシス表現を持たない場合は，さらに「間接度」が高まり，「命題」のみを引用句に含むような間接引用が生まれてくる。

(9) 佐藤：失望されちゃ困りますからね，あとで，
三国：はい
佐藤：で，それで (a)いいですかって言って，(b)いいって言ったら，やろうということですね。
三国：うんうん。
はかま：さっき三国さんから，監督さんによっては，ワンカットに

3日，2週間もかける人も (c)いるっていう，ま，大御所，巨匠ね，佐藤さん，黒沢明さんと，　　　　　　　　（「日曜」）

(10) 　はかま：(笑) 気になったわけですけども，うーん，どうなんですかねー映画って，ほんとは
　　　　三国：まあ100％全部が全部そうだとはなかなか言えないでしょうけども，まあ，好みって　　　　　　　　（「日曜」）

(9)の下線部(a)の引用句が直接引用であることは問題ないであろうが，(b)と(c)はどうであろう。どちらにもダイクシス表現も「衣掛けのモダリティ」もなく，述語が「はだか」の状態で補われている非常に間接度の高い引用句である。(10)の場合，「まあ」から引用句が始まっているのか，あるいは「100％」なのか，引用句の始まりがはっきりしない。また，「全部が全部そうだ」という表現には一種のモダリティ性が感じられるものの，引用動詞の否定部（言えない）と連結した奇異な形式を持った引用表現である。日本語にはこのように「衣掛けのモダリティ」が中途半端な形で盛り込まれる引用形式，つまり準直接引用が意外と多く，それは日本語の話法の大きな特徴のひとつとも言える。その意味で次の例は第2章でも取りあげたものだが非常に興味深いものなので，ここにもう一度繰り返す。

(11)　（＝2.2.3 (61)）
　　　近藤乾之助：…（師匠が）「君，あのね，地頭ってのはシテのように歌っちゃいけない」っておっしゃったんです。
　　　　　　　　　　　　　　　　　　　　（NHK-FM「能楽鑑賞」）

引用句が「君，あのね」というように劇的効果を発揮した手法で始まっているにもかかわらず「…いけないヨ」ではなく，「…いけない」という地の文に吸い込まれるような終結をした「尻切れトンボ」のような引用表現なのであ

る。

　「衣掛けのモダリティ」とは終助詞の「よ，わ，ね」や丁寧の「です，ます」だけでなく，第2章（2.2「直接引用句の生成」）で観察した「効果的な場作り」など「発話」を「発話たらしめる」要素全てを含み，日本語の句構造の区別に大きな役割を担う，＜発話生成（＋）の原理＞をフルに発揮させるものである。「直接引用」とは，したがって，＜視点調整（－）の原理＞と＜発話生成（＋）の原理＞が十分適応された新たな（元）発話を引用句として持つものだが，一方，「準直接引用」とは＜視点調整（－）の原理＞は十分適応されているが「発話生成」についてはその効果が不足している＜発話生成（－）の原理＞の引用スタイルということになる。

　以上で第2章から本章にかけて4つのスタイルからなる日本語の引用句の構造を見てきた。その総観は次章に記す。

　　注

　　1）「聞き手めあてのモダリティ」という用語は，筆者の知るかぎりでは，芳賀綏（1955）が「『陳述』とは何もの？」という論文の中で論じた「伝達的陳述」が「聞き手めあて」のものであると主張したのが始めではないかと思う。したがって，「聞き手めあてのモダリティ」とは「叙述」（あるいは「言表事態」に対して，「聞き手」への伝達を目的とした態度を示すことと言えよう。一方，筆者が提唱している「衣掛けのモダリティ」とは発話」の志向性に関わるものではなく，「言表事態めあてのモダリティ」であれ，「発話・伝達のモダリティ」であれ，それらを含有する文全体に対し，それを発する話者がそれが自分の発話であるという印を押すような役目を持つモダリティである。そして，それは文の一番最後に現れる終助詞「よ，わ，ね，ぞ」などや，丁寧の「です，ます」，あるいはイントネーションなどが成分と考えられる。

　　2）例えば，前に取りあげた次の文の引用句内の表現は独立文なら「僕にやれ」は不適格文であるが，準間接引用句であるため，適格文となっている。

　　　　「昨日，お母さん，お兄ちゃんに言ってたじゃないか，僕に本をやれって」

第6章

マクロ的分析とまとめ
引用句総観

　本章では，まず，これまでのミクロ的分析とは視点を180度変えて，引用という言語行為が日本語の言語活動の中でいかに言語表現化されるのか(あるいは，されないのか)，神尾(1990)の「情報のなわ張り理論」と日本語学習者による日本語の引用表現を拠り所にマクロ的分析を行う。それから，本書のまとめとしてこれまで検討してきた日本語の引用形態を総合的に眺め，そこに見られる文法的関係を改めて浮き彫りにしてみる。

1. 情報領域と引用

　ある話者が述べたことを理解し，それを誰かに伝えるというコミュニケーションの最も基本的なところは，引用という伝達行為で達成される。母語話者にとってその能力は無意識のうちに培われるものであろうが，外国語として日本語を学習する人たちにとっては無意識のうちにというわけにはいかない。日本語を外国語として学習する人たちが，コミュニケーションの要をなす引用と

話法をどのように習得するかを調べることは，我々日本語母語話者にはなかなか気がつかない日本語の引用に関する特徴を明らかにしてくれる。前にも述べたが，筆者は長らく米国に居住をし，その間大学院での勉学とアメリカ人学生に対する日本語教育の指導に関わってきた。自分自身の外国語としての英語の習得を通して，英語による直接引用の難しさを知ったことが「引用句創造説」の発端でもあった。また，アメリカでの日本語学習者や日本にいる留学生の日本語による様々な伝聞表現が日本語の引用の複雑さを知るまたとないソースであったことも事実である。

最近は「第2言語習得研究」という分野が確立しつつあり，第2言語(母語以外の言語，つまり，外国語)話者が構築する中間言語と呼ばれる文法体系の記述，説明のための研究が盛んになってきている。日本語学習者の持つ中間言語としての日本語の研究も当然そのような文法記述と説明が目的であり，筆者を含め多くの研究者がその課題に取り組んでいる[1]。ただ，第2言語としての日本語の習得研究について述べることは本書の意図することではないので，ここでは第2言語習得研究のほんの一部である，対照分析による，いわゆる，「誤用分析」を行い，(第1言語としての)日本語の引用表現の特徴を探り出す。

前置きはそれぐらいにして，日本語学習者による自然発話からの例を見てみよう。いずれも，インタビュー形式による筆者との会話からのものであるが，学習者はインタビューに先立ち，何らかの報告を終え，それを筆者に報告するというタスクに応えたものである[2]。

(1) 私は韓国人友達に頼みました。<u>他の人といっしょに国際結婚について話して下さい</u>。　　　　　　　　　　　(韓国語母語者)

(2) 私，映画を見る，み，見て見にきたとき，切符を買う。1枚，1枚と言って，私，間違えて，いまい，いまい，と言いました。その人は，<u>何？ 何？</u> 私は恥ずかしくなったですから，あのう，ねたん

の見て，せんろっぴゃく円のを下さい。はい，それに私はとても，顔，恥ずかしいと思います。　　　　　（香港中国語母語者）

（3）　はい，でも大きい会社には去年三石で研修しました。（部長とインタビューしました）…この人の奥さんは，ま，今，たくさん文句言います。ヨーロッパで生活はもっと楽しかった。だから，いつも，ま，おかの人は前々…　　　　　（フランス語母語者）

いずれも中級程度の学習者の発話であるが，どれにも共通しているのは下線部の後に引用動詞，例えば，「(と)言う」，が補われていないということである。つまり，裸の状態で引用が行われているということである。とりわけ，(2)の場合，話すのに夢中になったのか，独り芝居を行っている。映画を見に行った本人と映画館の切符売り場の係員の対話が，落語で行うような1人2役を演じるようなことになっているのである。このような伝達の仕方は当然日本語としては不適格であるが，英語，フランス語，ドイツ語，中国語などでは許容されるものである（鎌田 1993）。第2章冒頭に取り上げた Clark and Gerrig (1990) からの例は丁度いい例である。

（4）　so we're stauning (i.e. standing), looking at this, when this wuman came along and said, what were we looking for, and we're looking for somewhaur to stay the night, 'Where do you come fae?' 'Scotland,' 'You're no feart of coming here withoot somewhere to stay,' so she gi'en us half a dozen addresses.
　　　　　　　　（Clark & Gerrigs (16), taken from Macaulay, 1987）
（そこで，まあ，つっ立ってて，この，まあ，見てると，ある婦人がやってきて，何か探してはるのんかって，どこか泊まるとこ探しているんやってと，「どこから来はったん？」（言うて），「スコットランド」（っちゅうと），「泊まるとこもないのにやって来るなんてえらい度胸がありますねんね」（って），そ

れで住所を6つばかりもくれはったってこと。訳注：スコットランド方言を関西弁に見立てての翻訳）

　下線のところの日本語の訳に注意していただきたい。英語では引用動詞を補わなくてもすむが，日本語では「(言って)」「(っちゅうと)」「(って)」のように引用助詞・引用動詞を必ず補わなくてはならない。そうしなければ，会話などではどこまでが話者自身の情報でどこまでが他人のものなのか分からなくなってしまうのである。

　もちろん，(1)～(3)のような例は日本語能力の低い学習者のもので，「分かっていても言えなかった」表現であったかもしれない。しかし，このような表現方法が何も日本語能力の低いレベルの学習者のみに限られるのではなく，中，上級レベルの学習者にも見られることには特別な意味があると言えよう。次の例を見よう。

（5）　(Qantasの)切符の reservations の女の人は京大で経済を勉強しました。でも，私は彼女にあなたは後で Qantas の経済かん，経済課で働くつもりですか，あ，彼女はいいえと言った。あ，これは私の仕事です。あ，たぶん，あとで結婚しましょう。私はびっくりした。京大はいるのすごく…　　　　　　　　　（アメリカ英語母語者）

（6）　ミチコというロンドンで知りあった友達について
　…いや，そのミチコはその始めて去年はあったそのときは彼女は2,3ヶ月ぐらいイギリス，ロンドンに住んでた。だからあまりその時は遊びだけその日本ではがこう時代は遊びことできなかった。だから，今は授業することやった。あまり，将来とかようしたか考えなかった…　　　　　　　　　　　　　（ドイツ語母語者）

　これらは，基本的に最初に見た能力レベルの低い学習者と同じように，引用動

詞を「忘れて」いるという類いの「誤用」であるが，次は上級レベルの学習者の例で引用動詞を「忘れている」というより，むしろ，「不必要だ」という判断(学習者なりの文法判断)から引用される情報を裸のまま伝達したと思われるものである。

(7) 　L：いいえ，あのう，(X先生は)前に旅行したことがあるとおっしゃってました。あのう，細かいことで言うと，X先生は前に(アメリカに)来たことがありますけど，お仕事で来たことがありますけど，その時は5日間ぐらい会議に来るためにいらっしゃいました。先生はその時，少し旅行をしました。
(アメリカ英語母語者)

(8) 　D：始めに，あのう，Lさんが，X先生に，あのう，なぜ日本語を教えてらっしゃいますかと聞いたら，X先生が最初は日本語の先生になるつもりがなかったとおっしゃってました。最初は大学は国語学の専門として，助詞，日本語の助詞が段々なくなってきたという傾向について論文を書きました。　　(アメリカ英語母語者)

いずれも文法的にしっかりした発話を行っていることはこのスクリプトから十分分かるであろう。また，この類いの伝聞には「〜と言う」や「〜だそうだ」という表現で結ばなければならないということも分かっているようだ。しかし，適確に引用動詞を結びつけて表現している情報(傍点箇所)があるにもかかわらず，そうではなく，前に見た能力レベルの低い学習者のような「独り芝居」的な引用表現ではなく，むしろ，「抽出話法」(自由話法)的に表現している部分(下線部)がある。興味深いのは，傍点箇所の表現でもって，この情報は「X先生」に源を発しているということがすでに明示してあるのだから，それ以後の情報は「裸」の状態で伝達できるのではないかと思っていることである。つまり，一旦，情報源を示しておけば，後はその必要がないという文法

(学習者文法)を持っているということである。この言語事実が，英語，ドイツ語，フランス語などの印欧語や中国語を母語として持つ上級日本語学習者の引用表現にかなり顕著なものであることは経験豊かな日本語教師であれば必ずといっていいほど認識されている学習者言語の特徴である。ちなみに英語では"according to ～"という表現の後に述べられる情報は直接形そのままで表現される。(例：According to the New York Times, President Clinton decided to come to Japan next month.)

　さて，このような特徴を持つ日本語の情報処理はどの様に説明すべきであろうか。Kamio(1979)に始まる「情報と文形式」「情報となわ張り理論」(1990)はこの点で大いに説得力のあるものである。神尾(1990)によると，どの言語においても，ある情報はそれが誰に属するかという関係によって4通りに分類できるという。つまり，

　　(a)　話し手に属して聞き手には属さない情報
　　(b)　話し手にも聞き手にも属する情報
　　(c)　話し手には属さないが，聞き手には属する情報
　　(d)　話し手にも聞き手にも属さない情報

に分けられる。そして，(a)と(b)の情報は話し手に属するものであるから，話し手は，当然，神尾の言う「直接形」(「～だ」など)で表現できる。また，(c)と(d)は話し手に属さないものであるから，神尾の言う「間接形」(「～だそうだ」など)で表されなければならない。しかし，日本語と英語の対照研究で明らかなことは，(b)の場合，つまり，話し手にも聞き手にも属している情報に言及する場合，

　① 日本語では話し手はその情報を「独占」することはできず，その情報が
　　 聞き手にも属しているのだということを標示しなければならないという

こと，それから，
② (a)から(b)への移行，つまり，どうなれば共有の情報となり，聞き手がその情報は自分のものであるという表示ができるかというプロセスが言語によって異なるということである。

例えば，①の場合，天気の状況などは話し手にとっても聞き手にとっても自分に属しているものであり，「直接形」(「いい天気だ。」)で表現していいはずなのに，日本語では「今日はいい天気ですね」と相手に同意を求めるような表現(直接「ね」形)を使わなければならない。一方，英語ではそばに聞き手がいる，いないに関わらず，"It's nice weather!" という直接形で表現できること，つまり，「独占」することが許される。また，②の場合はこれまで検討してきた引用の表現形態ととりわけ関係が深い。英語では一旦，情報が話者のものとなると，それを間接的文体(They said ..., He said ..., I heard ...など)で言う必要はないが，日本語では，話者自身(あるいは，時には身内)から発した情報でないかぎり，間接文体(「〜と言う，〜って，〜だそうだ」など)で伝達しなければならない。今，例えば，太郎と太郎の母がテレビを見ていてそこに妹の花子から電話があり，太郎がその電話に出たとしよう。

(9) 母：何だったの？
 太郎： (a) 明日，花子が帰ってくる，って／そうだよ／らしいよ。
 (b) 明日，?? 花子が帰ってくるよ。
(10) Mother：What was that?
 Taro： (a) It was from Hanako. She said she is coming home tomorrow.
 (b) It was from Hanako. She is coming home tomorrow.

日本語の場合，直接文体の(a)は適格であるが，(b)は不適格である。しかし，英語ではどちらも適格なのである。上級日本語学習者に見られる情報処理はまさしくこの原理に沿ったものと言えよう。また例(4)で取り上げたスコットランド人の引用法も然りである。一言でいえば，英語の情報処理の方法が日本語に「転移」(transfer)したということであるが，日本語能力の低い学習者の「はだか」の引用表現とは，また違う興味深い言語事実であり，日本語の引用表現の一側面を十分に物語るものであると言えよう。

このように引用研究を会話分析，談話分析というマクロ的立場で捉えると，そもそも引用という言語行為の真の意味・機能の追及に迫っていけるものと思われる。メイナードは「声」(ヴォイス)という概念などに基づき，引用に関する一連の談話分析を行っているが（メイナード1997, Maynard 1996, 1997），ここでそれらを検討する余地も，また筆者自身の研究姿勢を示すこともできない。ここで見た第2言語としての日本語の習得研究から得られた知見はマクロ的引用研究のほんの一部であり，さらに多くの課題が残されていることを指摘しておきたい。

2. まとめ：引用句総観

第1章において筆者は，日本語の引用表現を取り巻くいくつかの基本的課題として(1)「引用」とは何か？「話法」とは何か？ (2)日本語の引用を導く助詞「と」はどの様に扱うべきか？ (3)引用表現と引用動詞にはどの様な関係があるか，という問いに取り組んだ。「引用」とはある伝達(思考を含む)の場で成立した(あるいは成立する)発話・思考を別の伝達の場に取り込む行為であり，それを表現する形式が話法である，という考えを提示した。それは引用助詞「と」を用いて表現されることもあれば，そうでないこともあり引用句を全体的に観察する場合，引用助詞「と」を伴わない表現をも研究対象にすべきであると提唱した。第2章から第5章にかけては引用助詞「と」を伴わない引用句も射程に入れた日本語の引用表現そのものの文法的・形態的特徴を記述する

という作業に取り組んだ。それは具体的には次のような問いに答えるということであった。

（1）直接引用とは何か？　その文法的・形態的特徴は何か？
（2）間接引用とは何か？　その文法的・形態的特徴は何か？
（3）直接引用と間接引用を区別する根本的な要素は何か？
（4）直接引用と間接引用の間に隣接する引用スタイルが存在するが，それらは何か？　それらの文法的・形態的特徴は何か？

　本節は，これまで観察した引用表現を総合的に観ることを目的としているが，それにはこれらの問いに答えるために用意をした「引用句創造説」をもう一度確認し，そこから導かれる「帰結」と引用句生成のための「原理」により日本語の引用句総観を試みるのが妥当だと考える。

(A) 引用句創造説：
　　日本語の引用表現は，元々のメッセージを新たな伝達の場においてどのように表現したいかという伝達者の表現意図に応じて決まる

帰結：
(a) 直接引用であれ，間接引用であれ，元発話とかけ離れた引用を行うか，元発話を再現するような引用を行うかは，伝達の場における伝達者の意図によって決まる。
(b) 直接引用であれ，間接引用であれ，伝達の場への適合を無視することはできない。
(c) 伝達の場を構成するのは話し手，聞き手，言及を受ける第三者，ダイクシス，及びソーシャルダイクシスであり，引用表現はそれらの相互

関係を伝達者の意図に応じて調整した結果の産物である。

　第2章で詳しく観察したように、自然発話によるデータを注意深く分析すると、直接引用句には元発話との類似を目指した表現と、直接引用句には違いないが何らかの理由で伝達の場に適合するように表現したものとがあることが分かる。前者は元発話と類似しているという意味で「一卵性直接引用」と呼ぶことができる。一方、後者は出どころは同じだが、元発話とは類似していない「二卵性直接引用」ということになる。「引用句創造説」はこの言語事実によって検証されたものであるが、引用とはたとえ直接引用であれども、まず、伝達の場でどのように(元)発話を伝えたいかという伝達者の意図によって決まる、ということになる。そして、伝達者は伝達の場にふさわしいと考えられる(意図される)引用形態を選択・生成するのであり、その意図によって一卵性、あるいは二卵性の直接引用ともなれば間接引用ともなる。したがって、一般に広く信じられている「引用句模倣説」は「引用」という言語表現手段のある一面しか捉えていず、不十分なものであると言わざるを得ないであろう。

　引用句が生成される伝達の場は伝達者、聞き手、言及を受ける第三者(元話者と元聞き手を含む)とダイクシス一般によって構成されている。そこに元発話を盛り込むのが引用という行為であり、伝達者は自分自身の「意図」に応じてその表現形式を選択するのであろうが、それは、元発話の場と伝達の場の間をつなぐ次の2つの原則に従うと考えられる。

(I)　＜視点調整の原理＞
　　引用句内のダイクシスを伝達の場に適合させ、新たな「場」を持ち込まないようにするのか、あるいは伝達の場から独立させて、新たな「場」の成立を許すのかという判断
(II)　＜発話生成の原理＞
　　新たな発話を標示する要素(命題と様々なモダリティ)をできるだけ付

加し，発話を発話らしくするのか，あるいはそれらをできるだけ削除し主文への埋め込みを強めるのかという判断

　これらの原理に従うと，伝達の場に持ち込むべき元発話と元発話の場を伝達の場からできるだけ独立させ，かつ，できるだけ新たな(元)発話らしい引用を試みるのが「直接引用」であり，一方，できるだけ伝達の場に元発話と元発話の場を吸収させ，かつ，できるだけ新たな(元)発話らしくない引用を試みるのが「間接引用」であると言えよう。「視点調整」をできるだけ進めることを＜視点調整(＋)の原理＞，そうでないものを＜視点調整(－)の原理＞と表記し，また，できるだけ発話を発話らしく標示しようとすることを＜発話生成(＋)の原理＞，そうでないものを＜発話生成(－)の原理＞と表記すれば，「直接引用」「間接引用」は次のように記述できることになる。

　　　「直接引用」＝　＜視点調整(－)の原理＞　＜発話生成(＋)の原理＞
　　　「間接引用」＝　＜視点調整(＋)の原理＞　＜発話生成(－)の原理＞

　＜視点調整の原理＞と＜発話生成の原理＞は実はお互いに独立したものではなく，相互関係を持つものである。いかなる「発話」にもそこには「命題」とそれに対する話者自身の態度「モダリティ」が付随している。モダリティによっては文全体を包み込んでしまうものもあれば，文のある部分までしか影響を及ぼさないものもあることは良く知られている。「衣掛けのモダリティ」(終助詞「よ，わ，ね」，丁寧の「です，ます」など)は前者の例で，それに先行するダイクシスの「視点調整」が完全にブロックされることはすでに見た通りである。判断の「だろう，かもしれない」などにはそのような力がなく，文脈によってはその影響を受け，「視点調整」がくずれることも見た。「感情・知覚表現，現象描写」などは，さらに，「視点調整」を崩さずして文の適格性を維持できないものであることも見た。このように，どの様なモダリティが発話に

盛り込まれているかによって引用句内のダイクシスの「視点調整」の度合いが定まるということである。その関係は次のようにまとめることができる。

表5 モダリティと引用句の関係

モダリティの種類	伝達の場への視点調整	生成される引用句
衣掛けのモダリティ (終助詞, 丁寧など)	許さない	直接引用
判断 (「だ, だろう, かもしれない」など)	ほとんど許さないが 文脈によっては許す	準直接引用, 準間接引用 間接引用
命令, 誘いかけ	ほとんど許さないが 文脈によっては許す	準直接引用 準間接引用
感情・知覚, 現象描写	述語ダイクシス 以外を許す	準間接引用

また，さきに，「視点調整」と「発話生成」という概念によって，「直接引用」と「間接引用」の記述をおこなったが，同様に，次のように「準直接引用」と「準間接引用」も記述できることになる。

「準直接引用」＝ ＜視点調整(－)の原理＞ ＜発話生成(－)の原理＞
「準間接引用」＝ ＜視点調整(±)の原理＞ ＜発話生成(－)の原理＞

「準直接引用」は元話者の視点をそのまま残し，「視点調整(－)」ではあるが，そこには「衣掛けのモダリティ」が欠けていて「発話生成(－)」となる。また，「準間接引用」は「視点調整」が引用句の主格については(＋)であるが，述部については(－)であり，結果として「視点調整(±)」となり，かつ，「衣掛けのモダリティ」は共起できず，したがって「発話生成(－)」ということになる[3]。

最後に，直接引用には元発話に潜在する特徴を演出し，元発話との類似を志向した「一卵性直接引用」とそうではない「二卵性直接引用」がある。前者はClark and Gerrig(1990)の"markedness theory"に従うものであり，そのよ

うな元発話の特徴標示素性を「マーキング」と名付けると，前者は，「（＋）マーキング」，後者は「（－）マーキング」として区別できよう。

一卵性直接引用：（＋）マーキング
二卵性直接引用：（－）マーキング

以上の分析に従うと，本書で考察した引用句は次の図で総観が可能であろう。

図4　引用句総観

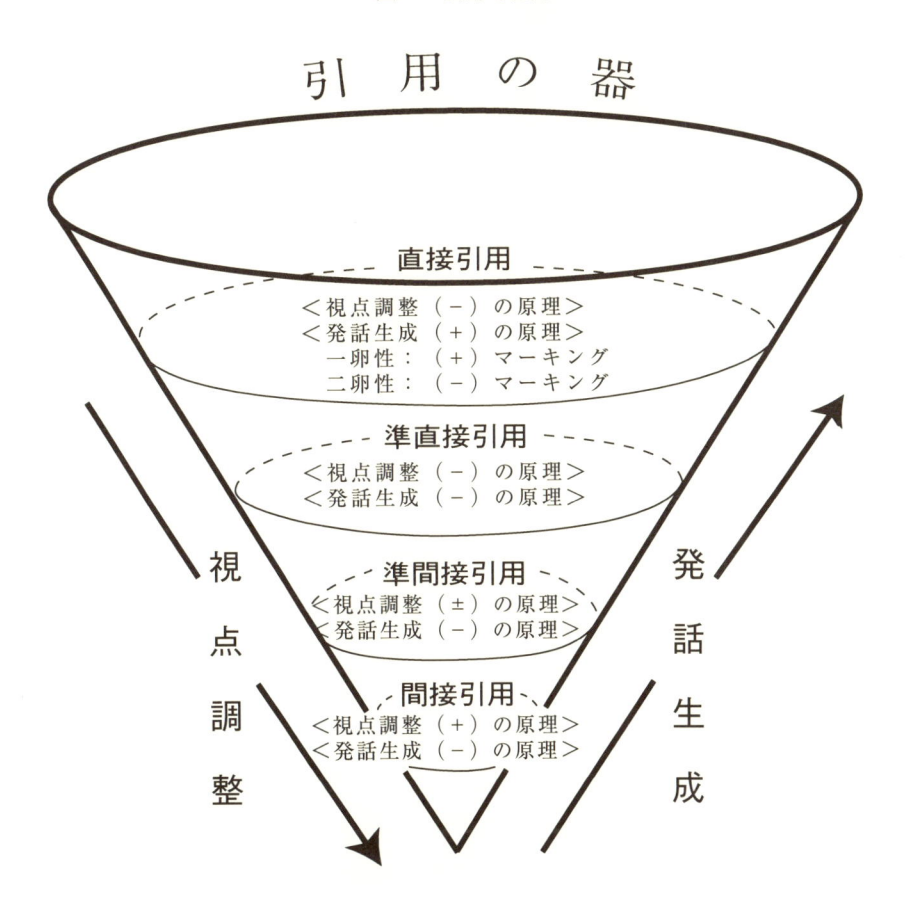

引　用　の　器

直接引用
＜視点調整（－）の原理＞
＜発話生成（＋）の原理＞
一卵性：（＋）マーキング
二卵性：（－）マーキング

準直接引用
＜視点調整（－）の原理＞
＜発話生成（－）の原理＞

準間接引用
＜視点調整（±）の原理＞
＜発話生成（－）の原理＞

間接引用
＜視点調整（＋）の原理＞
＜発話生成（－）の原理＞

視点調整　　発話生成

注

1) 英語，日本語に関する中間言語研究の概論書を参考文献にいくつかあげておく。参照されたい。

2) データは Social Science Research and Council （米国社会科学研究協会）の研究費で 1989–90 年に行った第 2 言語としての日本語の習得研究からのものである。また，1996 年から 3 年間文部省科学研究費の援助のもと，英語，中国語，韓国語を母語とする日本語学習者 90 名（各言語 30 名ずつ）から自然発話データを採集し，目下その分析を行っているところである。その報告は機会をあらためて行うつもりである。

3) これまで，あたかも＜視点調整の原理＞と＜発話生成の原理＞は自動的に平行して操作されるような感を与えたかもしれないが，必ずしもそうではなく，「引用」の「直接度」(あるいは「間接度」)を高めるためにはその 2 つの原理を同時に操作する必要があると言いたかったのである。逆に言うと，間接度の高い引用は＜視点調整(＋)＞＜発話生成(−)＞ではあるが，引用表現に＜視点調整(＋)＞＜発話生成(＋)＞なるものがないかというと，非常に限られた伝達の場においてはそれが可能なようである。例えば，本書の随所で取りあげた「そうなんだよ，ほら，これ，わかめのぬたっちゅうんだろ？これが食いたくてね。作れってっても，「このすみその具合が分からねえ」って言うんだよ，うちのやつは。」(「隣」)という例における引用表現は，発話性を十分に持った(「分からねえ」)，しかし，視点は伝達の場に調整されている(「このすみその…」)間接話法表現であると考えることは可能である。元話者(女性)のスタイルまで男性である伝達者のスタイル(「…分からねえ」)にまで変えてしまう。いわば「のっとり文」とも言える引用表現と捉えることも可能である。この点は間接引用にも「創造」(「創造的間接引用」？)があるのではないか，という非常に興味深い点であるが，詳しい考察は別の機会に譲らなければならない。

参考文献

阿部二郎　(1999) ms.「引用構文における引用句と名詞句について」(1999年度春季国語学会口頭発表)
赤野一郎　(1999) ms.「英語の話法あれこれ」(第72回メビウス研究会口頭発表)
Akmajian, Adrian and Chisato Kitagawa. (1981) Aux in Japanese. *An Encyclopedia of Aux*. Steel, Susan. et al. Cambridge: MIT Press.
Austin, J.L. (1962) *How to Do Things with Words*. Cambridge: Harvard Unviersity Press.
Banfield, Ann. (1973) Narrative Style and the Grammar of Direct and Indirect Speech. *Foundation of Language*. 10: 1–39.
Banfield, Ann. (1982) Unspeakable Sentences: *Narration and Representation in the Language of Fiction*. Boston: Routledge & Kegan.
Bedell, George et al. (1979) *Explorations in Linguistics*. Tokyo: Kenkyusha.
ビルマン, オリビエ　(1988)「間接話法の日仏比較対照－文中の会話文「と」を中心として－」『日本語学』7.9: 46–58.
Clark, Herbert H. and Rhichard J.Gerrig. (1990) Quotations as Demonstrations. *Language* 66.4: 764–805.
Coulmas, Florian. (1986) Reported speech: Some General Issues. *Direct and Indirect Speech*. Coulmas, Florian. ed. The Hague: Mouton de Gruyter.
Coulmas, Florian. (1986) Direct and Indirect Speech in Japanese. *Direct and Indirect Speech*. Coulmas, Florian. ed. The Hague: Mouton de Gruyter.
Debois, Betty Lou. (1989) Psuedoquotation in Current English Communication: "Hey, she didn't really say it." *Language Society* 18: 343–359.
Emonds, Joseph E. (1976) *A Transformational Approach to English Syntax: Root, Structure-Preserving, and Local Transformation*. New York: Academic Press.
遠藤裕子　(1982)「日本語の話法」『言語』11.3: 86–94.
Fillmore, Charles. (1975) *Santa Cruz Lectures on Deixis* 1971. Indiana University Linguistics Club.
Fillmore, Charles. (1997) *Lectures on Deixis*. Stanford. CA: CSLI.
藤田保幸　(1986)「文中引用句「と」による「引用」を整理する－引用論の前提として－」宮地裕編『論集日本語研究(一)現代編』明治書院
藤田保幸　(1987a)「「疑う」ということ－「引用」の視点から」『日本語学』6.11: 93–106.
藤田保幸　(1987b)「引用された言葉と擬声・擬態語と－「引用」の位置付けのために」『詞林』2: 52–67.（大阪大学古代中世文学研究会）
藤田保幸　(1988)「「引用」論の視界」『日本語学』7.9: 30–45.
藤田保幸　(1996)「引用論における所謂「準間接引用句」の解消」『語文』65: 37–50.（大阪大学国語国文学会）

藤田保幸　（1999）「引用構文の構造」『国語学』198: 1–15.
Grice, H.P. (1975) Logic and Conversation. *Syntax and Semantics*. Vol. 3. Cole and Morgan, eds. New York: Academic Press.
芳賀綏　（1955）「陳述とは何もの？」『国語国文』223.4: 47–61.
Harada, Shinichi. (1976) Honorifics. In Shibatani, ed. 1976.
Hinds, John. (1986) *Situation vs. Person Focus*. Tokyo: Kurosio Publishers.
廣瀬幸生　（1988）「言語表現のレベルと話法」『日本語学』7.9: 4–13.
Hirose, Yukio. (1995) Direct and Indirect Speech as Quotations of Public and Private Expression. *Lingua* 95: 223–238.
廣瀬幸生　（1997）『指示照応と否定』第1部（第2部 加賀信広）　研究社出版
堀口純子　（1995）「会話における引用の「ッテ」による終結について」『日本語教育』85: 12–24.
Hymes, Dell. (1972) On Communicative Competence. *Sociolinguistics: Selected Readings*. Pride, J.B. ed. Oxford: Penguin Books.
池上嘉彦　（1981）『「する」と「なる」の言語学』　大修館書店
井上和子　（1978）『日本語の文法規則』　大修館書店
井上和子　（1983）「日本語の伝聞表現とその談話機能」『言語』12.11: 113–121.
石神照男　（1983）「副詞の原理」渡辺実編『副用語の研究』明治書院
Jakobson, Roman. (1971) Shifters, Verbal Categories, and the Russian Verbs, *Roman Jakobson Seleted Writings II: Word and Language*. The Hague: Mouton de Gruyter.
Jakobson, Roman. (1985) The Fundamental and Specific Characteristics of Human Language, *Roman Jakobson Seleted Writings VII: Contributions to Comparative Mythology. Studies in Linguistics and Philology, 1972–1982*. The Hague: Mouton de Gruyter.
Janssen, Theo A.J.M. and Wim van der Wurff. (1996) Introductory Remarks on Reported Speech and Thought, *Reported Speech: Form and Functions of the Verbs*. Theo A.J.M. Janssen and Wim van der Wurff, eds. : 1–12.
Janssen, Theo A.J.M. and Wim van der Wurff, eds. (1996) *Reported Speech: Form and Functions of the Verbs*. Janssen, Theo A.J.M. and Wim van der Wurff, eds. The Hague: Mouton de Gruyter.
Kamada, Osamu. (1981) Indirect Quotation in Japanese. *Papers from the Middlebury Symposium on Japanese Discourse Analysis*, Makino, S. ed. University of Illinois.
鎌田修　（1983）「日本語の間接話法」『言語』129: 108–117.
Kamada, Osamu. (1986) Discourse Analysis and Second Language Pedagogy: A Study of Reported Speech in Japanese as a First and a Second Language. University of Massachusetts Doctoral Dissertation.
鎌田修　（1988）「日本語の伝達表現」『日本語学』7.9: 59–72.
鎌田修　（1990) ms.「引用について」（大阪大学土曜ことばの会）
Kamada, Osamu. (1990) Reporting Messages in Japanese as a Second Language. *On Japanese and How to Teach It: In Honor of Seiichi Makino*. Kamada, O. & W.Jacobsen, eds. Tokyo:The Japan Times.
鎌田修　（1993）「日本語の談話文法の一側面」『日本語・日本文化研究』1 :14–28.

（京都外国語大学留学生別科）
鎌田修（1994）「伝達と模倣と創造：引用におけるソーシャルダイクシスの現われ」『研究論叢』Vol.XLIII（京都外国語大学）
鎌田修（1998）「日本語の引用に関する基本的課題」『無差』4（京都外国語大学日本語学科）
Kamio, A. (1979) On the notion *Speaker's Territory of Information*: A Functional Analysis of Certain Sentence-Final Forms in Japanese, *Explorations in Linguistics: Papers in Honor of Kazuko Inoue*, G. Bedell et al. Tokyo:Kenkyusha.
Kamio, A. (1985) Territory of Information and Sentence Forms. Presented at Japanese Linguistics Conference. UCLA.
神尾昭夫（1990）『情報のなわ張り理論』大修館書店
加藤陽子（1998）「話し言葉における引用の「ト」の機能」『世界の日本語教育』8: 243–256.
久野暲（1978）『談話の文法』大修館書店
Kuroda, S-Y. (1973) Where Epistemology, Style, and Grammar Meet: A Case Study from Japanese. *A Festschrift for Morris Halle*. Anderson, S.R. and Paul Kiparsky, eds. 1973. Holt, New York: Holt, Rinehart & Winston.
許夏玲（1999）「文末の「って」の意味と談話機能」『日本語教育』101: 81–90.
Leech, Geoffrey N. and Michael H. Short. (1981) *Style in Fiction: A Linguistic Introduction to English Fictional Prose*. London and New York: Longman.
ダニエル・ロング，朝日祥之（1999）「翻訳と方言－映画の吹き替え翻訳に見られる日米の方言観－」『日本語学』18.3: 66–77.
Lyons, John. (1977) *Semantics*. Vol.2: Chap. 15. Cambridge:Cambridge University Press.
牧野成一（1980）『くりかえしの文法』大修館書店
Makino, Seiichi. (1984) Speaker/Listner-Orientation and Formality Marking in Japanese.『言語研究』84: 124–145.
Martin, Samuel. (1983) *Reference Grammar of Japanese*. New Haven: Yale University Press.
益岡隆志（1997）「表現の主観性」田窪行則編『視点と言語行動』くろしお出版
Maynard, Senko. (1984) Functions of to and koto-o in Speech and Thought Representation in Japanese Written Discourse. *Lingua* 64: 1–24.
メイナード泉子（1994）「「という」表現の機能－話者の発想・発話態度の標識として」『言語』23.1: 81–85.
Maynard, Senko. (1996) Multivoicedness in Speech and Thought Representation: The Case of Self-Quotation in Japanese. *Journal of Pragmatics* 25:207–226.
Maynard, Senko. (1997) Texual Ventriloquism: Quotation and the Assumed Community Voice in Japanese Newspaper Columns. *Poetics* 24:379–392.
メイナード泉子（1997）『談話分析の可能性：理論・方法・日本語の表現性』くろしお出版
三上章（1953）『現代語法序説』刀江書院（復刊1972　くろしお出版）

三上章　（1953）『現代語法序説』くろしお出版
南不二男　（1974）『現代日本語の構造』大修館書店
Mushin, Illana. (1994) The Function of Direct Speech in Story Retelling. *CLS* 30: 296–308.
中園篤典　（1994）「引用文のダイクシス－発話行為論からの分析－」『言語研究』105: 87–109.
仁田義雄　（1980）『語彙論的統語論』明治書院
仁田義雄　（1985）「主格の優性－伝達のムードによる主格の人称指定」『日本語学』4.10: 39–52.
仁田義雄　（1989）「現代日本語のモダリティーの体系と構造」『日本語のモダリティー』（仁田義雄，益岡隆志編）くろしお出版
仁田義雄　（1991）『日本語のモダリティと人称』ひつじ書房
王笑峰　（1990）「引用プロトタイプ論を目指して－間接化に関する三つの原則を中心に－」『阪大日本語研究』2: 21–42.
Ohso, Mieko. (1984) Conractions: *tte & chau*. A paper presented for the Asian Studies Association of Australia Fifth Annual Conference, Adelaide University. May 12–19, 1984.
奥津敬一郎　（1970）「引用構造とその転形」『言語研究』56:1–25.
奥津敬一郎　（1974）『生成日本文法論』大修館書店
奥津敬一郎　（1993）「引用」『国文学』38.12. 74–79. 学燈社
Quirk, Randolph, Sidney Greenbaum, Geoffrey Leech and Jan Svartvik. (1985) *A Comprehensive Grammar of the English Language.* London: Longman.
Ross, Claudia. (1976–77) Reporting Style as Discourse Strategies–A Study in Japanese and English. *Papers in Japanese Linguistics.* 5: 243-259.
Shibatani, Masayoshi. ed. (1976) *Syntax and Semantics: Japanese Generative Grammar 5.* New York: Academic Press.
柴谷方良　（1978）『日本語の分析』大修館書店
柴谷方良　（1988）「日本語の語用論」『講座日本語と日本語教育4：日本語の文法・文体』北原保雄編
砂川有里子　（1988）「引用文における場の二重性について」『日本語学』
砂川有里子　（1989）「引用と話法」『講座日本語と日本語教育4』明治書院
鈴木孝夫　（1973）『ことばと文化』岩波新書
田守郁啓，ローレンス・スコウラップ　（1999）『オノマトペ－形態と意味－』くろしお出版
Tannen, Deborah. (1986) Introducing Constructed Dialogue in Greek and American Conversational and Literary Narrative. *Direct and Indirect Speech.* Coulmas, Florian. ed. The Hague: Mouton de Gruyter. 311–32.
Tannen, Deborah. (1989) *Talking Voices: Dialogue, and Imagery in Conversational Discourse.* Cambridge: Cambridge University Press.
寺倉弘子　（1995）「抽出話法とは何か」『日本語学』14.11: 80–90.
寺村秀夫　（1975）「「表現の比較」ということについて」『日本語と日本語教育－発

音・表現編－』（国語シリーズ３）147–174. 文化庁，国立国語研究所
寺村秀夫 （1976）「「なる」表現と「する」表現－日英「態」表現の比較」『日本語と日本語教育－文字・表現編－』 国立国語研究所国語シリーズ別冊４. 49–68.
寺村秀夫 （1981）『日本語の文法－下－』 国立国語研究所
寺村秀夫 （1982）『日本語のシンタクスと意味Ⅰ』 くろしお出版
寺村秀夫 （1984）『日本語のシンタクスと意味Ⅱ』 くろしお出版
Thompson, Goeffrey. (1994) *Collins Cobuild English Guides 5: Reporting.* London: Harper Collins.
山内博之(投稿中)「日本語の引用句におけるダイクシスとモダリティの関わりについて」
山梨正明 （1986）『発話行為』 大修館書店
山梨正明 （1988）「日本語の語用論」『講座日本語と日本語教育11：言語学要説』崎山理編 明治書院
山崎誠 （1996）「引用・伝聞の「って」の用法」『国立国語研究所研究報告集』17:1–22.

（第２言語習得関係）
Corder, S. Pit. (1967) The Significance of Learner's Errors. *IRAL* 5: 61–70.
Ellis, Rod. (1985) *Understanding Second Language Acquisition.* Oxford: Oxford University Press.
Ellis, Rod. (1994) *The Study of Second Language Acquisition.* Oxford: Oxford University Press.
Krashen, Stephen. (1981) Second Language Acquisition and Second Language Learning. Oxford: Pergamon Press.
Larsen-Freeman, Diane & Michael Long. (1990) *An Introduction to Second Language Acquisition Research.* London: Longman (1995)(牧野高吉，萬谷隆一，大場浩正，訳『第２言語習得への招待』鷹書房弓プレス)
Selinker, Larry. (1972) Interlanguage. *IRAL* 10: 209–31.

用例出典

「徹子」＝『徹子の部屋』（テレビトークショー）
「座談」＝『テレビ座談会』
「日曜」＝『日曜談話喫茶室』（ラジオトークショー）
「隣」＝『隣の芝生』（テレビドラマ）

索引

事項索引

あ

アスペクト 119
α型 32, 34, 35, 38, 39, 41

い

一卵性 83
　　〜引用 83
　　〜直接引用 62, 81, 174, 176
　　〜直接引用句 64
イディオム的表現 77
意図 63, 174
引用 7, 9, 13, 14, 15, 16, 17, 20, 48
　　〜研究 8, 9
　　〜構文 28
　　〜助詞 41, 78
　　〜動詞 28, 29, 41, 44, 48
　　〜表現 7, 8, 48
　　〜標識 23, 31
　　〜標識挿入規則 31
引用句 7, 24, 40, 45
　　〜創造説 9, 10, 11, 51, 63, 81, 82, 92, 166, 173, 174
　　〜復元説 52
　　〜命題説 148
　　〜模倣説 174

う

「うわさ的」発言 111
うわさ文 112, 113, 114, 118, 143

え

演技・模倣説 60

お

オノマトペ 38, 76
　　〜性 76

か

格　　〜助詞 23, 40, 41
　　〜成分 33
　　〜配列 27
仮説：引用句創造説 7, 60, 92
勧告間接話法文 31
感情移入（共感）101, 135
感情・知覚表現
　　〜・現象描写 175
　　〜と主格の選択 129
　　〜の主格選択 127
　　〜の主格選択制約の適応・不適応 128
感情表現 100
間接　〜化 (indirectification) 14, 81, 108
　　〜形 170
　　〜性 113, 132
　　〜度 40, 88, 94, 102, 104, 114, 162, 178
間接引用 9, 10, 13, 39, 41, 46, 85, 86, 88, 90, 92, 94, 98, 99, 107, 108, 162, 176, 178
　　〜句 14, 46
　　〜の選択 103
　　〜表現 101
　　〜読み 11
間接話法 2, 5, 6, 7, 13, 14, 20, 31, 83, 85, 87, 88, 90, 160
　　〜化 109
　　〜的 100

～表現 4, 16, 17
眼前指示用法（deictic use）107
完全直接話法 83
感嘆文 90
間投詞 69
関与・非関与の原理 145
関連性理論（relevance theory）6

き

聞き手 ～指定 145
　　　～めあて 159
聞き手志向（listener-oriented）90, 91, 141, 145, 160, 162
　　　～性 159
　　　～の発話 160
　　　～表現 89, 159
疑似引用 70
擬声語・擬態語 31, 34, 38, 74, 76, 90, 105
　　　～表現 23
擬態語 22
共感（empathy）21, 102, 112
共起関係 130, 146, 151

く

繰り返し表現（畳語的表現）74

け

劇的効果（Dramatic Effect）69, 158
言語　～コンテクスト 4
　　　～直感（intuition）8
謙譲表現（object honorification）108
現象描写文 121, 136, 137, 138, 146
　　　～の主格選択 138
言表事態 106, 118, 119, 164
　　　～目当てのモダリティ 119, 120

こ

語彙性 76
効果的な場作り 69

公的　～発話 162
　　　～表現 90
　　　～表現行為 89, 159
コード・スイッチング 82
呼称 58
固定化 77
誤用分析 166
語用論（pragmatics）6, 42
衣掛け 159, 162
　　　～のモダリティ 159, 163, 164, 175, 176

さ

再現 3, 15, 18, 48, 88, 90, 114
誘いかけ 140
　　　～文 142, 144

し

詞 118
辞 92, 118
時空間的環境 118
思考作用 24
時制（tense）24
自然発話 8
私的　～発話 162
　　　～表現 89, 90, 161
　　　～表現行為 89, 159
視点 79, 126, 128
　　　～変換を促す文脈 157
　　　～の変換を促す談話文脈 149
　　　～交錯 110
　　　～表現（ダイクシス）11
視点調整 175, 176
　　　～の原理 95, 96, 112, 118, 135, 139, 150, 162, 174, 178
　　　～（＋）178
　　　～（＋）の原理 10, 96, 97, 98, 99, 108, 109, 110, 111, 113, 114, 117, 131, 132, 145, 175
　　　～（－）176

～（一）の原理 10, 96, 164, 175
　　　　　～（±） 176
社会言語学（sociolinguistics） 7
社会的地位 67
自由話法（indirect libre） 19, 20, 21, 125
終助詞 71, 73, 74, 106, 108
　　　　　～「よ，ねえ」 80
従属節 128
　　　　　～化（subordination） 94
　　　　　～度 98, 105, 115
主格　　　～（「ガ」格）の選択制限 120
　　　　　～制限 121
　　　　　～選択 119, 135, 142
　　　　　～選択の制約 126
授受　　　～動詞 102, 108, 110
　　　　　～表現 110, 111
述語ダイクシス 149, 157
準間接引用 9, 11, 86, 114, 117, 132, 136, 139, 145, 150, 159, 162, 176
　　　　　～句 131, 141, 143, 149, 157
準間接話法 160
準直接引用 9, 11, 86, 150, 158, 159, 162, 164, 176
情意系の＜待ち望み＞ 119
畳語的 77
　　　　　～性格 77
情態　　　～修飾副詞句 36
　　　　　～性連用修飾句 34
情報となわばり理論 11, 165, 170
情報と文形式 170
情報のなわばり 67
叙述 118, 164
女性語 71, 73, 74
心外 26
心内 26
　　　　　～発話 25, 26

す

遂行動詞（perfomative） 44, 47
スキーマ（schema） 4

スタイル顕示表現 71

せ

性別 67
絶対的人称 143
　　　　　～関係 135, 145, 149
　　　　　～の原理 124
折衷話法 13

そ

創造 2, 48, 55, 178
　　　　　～説 114
～そうだ 100, 113
相対的人称 143
　　　　　～関係 135, 136, 138, 145, 151
　　　　　～関係に基づく関与・非関与の原理 134, 135
想定引用 83
ソーシャル・ダイクシス 67, 74
尊敬・謙譲表現 74
尊敬表現 108

た

ダイクシス 65, 95, 106
　　　　　～変換 46
対照分析 166
態度（モダリティ） 106
第2言語習得研究 166
対話の創造 62
男性　　　～語 71, 73, 74
　　　　　～のスタイル 47
単文構造 28
談話　　　～規則 72
　　　　　～上のルール 5
　　　　　～分析（discourse analysis） 6, 9

ち

中間言語 166
抽出話法（自由話法） 169

超時間性的 34
直接　～形 170
　　　～度 178
直接引用 2, 9, 10, 13, 14, 39, 41, 51, 71, 72, 82, 83, 85, 86, 88, 90, 107, 108, 131, 162, 175, 176
　　　～開始の標示 69
　　　～句 14, 46, 105
　　　～スタイル 18
　　　～表現 91
　　　～読み 11
直接話法 2, 5, 6, 7, 13, 14, 19, 31, 38, 83, 85, 87, 88, 90, 100, 160
　　　～化 38
　　　～スタイル 57
　　　～表現 4, 5, 54
陳述 118

つ
～って 101

て
程度副詞 39
丁寧　～さ 108
　　　～の「です，ます」 106
　　　～のモダリティ 106
適切 (acceptable) 47
です／ます 72
転移 (transfer) 172
テンス 119
伝達 1, 2, 5, 6, 7
　　　～行為 2, 3
　　　～者 64, 86, 103
　　　～者の視点 103
　　　～的陳述 164
　　　～のからくり 6, 7
　　　～の場 2, 6, 109
　　　～のムード 119
　　　～表現 2, 6
伝達・思考動詞 32

伝聞のモダリティ 147

と
と 14, 17, 19, 20, 21, 22, 41, 98
問いかけ 119, 121

な
内的発話 90

に
二重の場 15
日本語の引用 7
二卵性 83
　　　～引用 83
　　　～引用句 80
　　　～直接引用 62, 81, 174, 176
　　　～直接引用句 63, 64, 118
認識系の＜判断＞ 119
人称詞，呼称詞 70, 71
認知言語学 (cognitive linguistics) 6

ね
年令差 67

の
のっとり文 178
述べ立て 119, 121
　　　～のモダリティ：現象描写文 136
　　　～の(ん)だって 115

は
ハイパーコレクション 115
場・コンテクスト 65
働きかけ 119, 120, 140
　　　～のモダリティ：命令文 159
場作り 70
発語　～行為 42, 44, 47
　　　～内行為 42, 44, 45, 46, 47, 63

発話　　～媒介行為 42
　　　　～行為 24, 26, 47
　　　　～行為論 42, 45, 82, 88
　　　　～産出（speech production） 83
　　　　～・伝達のモダリティ 119, 120
　　　　～の内容 95
　　　　～らしい発話 10
　　　　～理解 83
発話生成 164, 176
　　　　～の完成度 94
　　　　～（＋） 178
　　　　～（＋）の原理 10, 96, 164, 175
　　　　～（－） 176, 178
　　　　～（－）の原理 10, 96, 97, 98, 108, 109, 114, 117, 164, 175
　　　　～の原理 96, 150, 174, 178
「場」と「発話」の構成要素 95
話し手志向 90, 91, 160, 162
　　　　～の発話 160
　　　　～発話 105
場の二重性 16, 17, 32, 45, 94
判断　　～のムード 119
　　　　～のモダリティ 147
判定，命名 26
反復 77

ひ

非関与者 138
ピボット（視点軸） 134, 140, 145
標示 83, 108
表出 119, 120
描出話法 19, 20
頻繁副詞 39

ふ

吹き替え翻訳 82
副詞的修飾 41
　　　　～句 33
副次的モダリティ 159
複文構造 28

不適切 5, 48
文法的 5
文脈指示用法（anaphoric use） 107

へ

β型 32, 34, 35, 38, 41
変形 31

ほ

ヴォイス（声） 65, 68, 83, 119, 172
傍観者 143
　　　　～の引用：ゆうれい文 140
方向 108
報告 20
ポーズ 74
補語ダイクシス 149, 157
補文標識 31, 32

ま

マクロ的
　　　　～視野 11
　　　　～立場 172
　　　　～分析 9, 11, 165

み

みとめ方 119

め

命題 94, 95, 162
　　　　～核 119
命令 140
　　　　～禁止・誘い 78
　　　　～文 142
メッセージ 5

も

モダリティ 9, 10, 95, 102, 118, 119

～標示 128
　　　～標示成分 157
元聞き手 64, 87
元発話 61, 68, 90, 118
　　　～の場 109
元話者 64, 86
模倣 55
　　　～演技 55
　　　～演技論 55
　　　～論 56

よ

～ようだ 100, 113

ら

～らしい 100, 113

れ

連用　～修飾語 23
　　　～補語 23

わ

話法 9, 13, 14, 15, 16, 17, 48

ん

～んだって 100, 113

C

Constructed Dialogue 18, 61

D

depict（描写） 53
dictum 118
direct　～ discourse 20
　　　　～ quotation 20
　　　　～ speech 20
discourse 20
　　　　～ deixis 66

E

erlebte 20
experienced speech 20

F

free indirect speech 20
free semi-direct discourse 20

H

halbdirekte 20

I

illocutionary act 42
indirect　～ discourse 20
　　　　　～ quotation 20
　　　　　～ speech 20

L

Layered Analysis 128
le style indirect libre 20
locutionary act 42

M

mark 53

markedness
　　～ principle　56
　　～ theory　53, 176
mingling of direct and indirect speech　20
modus　118
mood　118

N

non-reportive style　124, 126, 128, 135, 136, 149

O

omniscent　125, 126
oratio　～ obliqua　20
　　　　～ recta　19
　　　　～ tecta　20

P

perlocutionary act　42
person deixis　66
place deixis　66
proposition　118
psuedo objekti　20
pseudo-quotation　70

Q

quasi direct　20
quotation marker　23
quoting　20

R

raising　27
Rede als Tatsache　20
reported speech　19
reporting　20
reportive　149
　　　～ style　125, 126, 128, 135
represented speech　20

S

semi-indirect style　20
social deixis　66
speaker-oriented speech　105
style　20

T

time deixis　66

V

veiled speech　20
verschleierte　20

人名索引

あ

赤野一郎 21
朝日祥之 82
阿部二郎 28
池上嘉彦 61
石神照男 33
遠藤裕子 83
奥津敬一郎 13, 14, 23, 29, 30, 31, 40, 87, 109

か

加藤陽子 105
鎌田修 19, 115, 117, 147, 158, 167
神尾昭雄 11 , 67, 165, 170
久野暲 102, 117

さ

柴谷方良 14, 23, 31, 40
砂川有里子 14, 16, 23, 32, 45, 48, 88, 112, 116, 153, 160

た

ダニエル・ロング 82
田守郁啓 38, 76
寺倉弘子 19
寺村秀夫 14, 23, 30, 61, 87, 123, 154

な

中園篤典 46, 88, 160
仁田義雄 68, 119, 121, 159

は

芳賀綏 164
廣瀬幸生 89, 90, 147,
藤田保幸 23, 28, 32, 33, 35, 40, 41, 46, 48, 84, 88, 117, 128, 145, 149, 153, 155

ま

益岡隆志 123
三上章 13, 15, 16, 21, 87
南不二男 115
メイナード・泉子 83, 90, 172

や

山内博之 37, 148, 157
山崎誠 105

ら

ローレンス・スコウラップ 38, 76

A-Z

Akmajian, Adrian 127, 128
Austin, J.L. 42
Banfield, Ann 83
Clark, Herbert H. 52, 53, 54, 59, 167, 176
Coulmas, Florian 20, 91
Debois, Betty Lou 70
Fillmore, Charles 65, 84
Gerrig, Rhichard J. 52, 53, 54, 59, 167, 176
Greenbaum, Sidney 91
Harada, Shinichi 108
Hinds, John 61
Hirose, Yukio 159
Jakobson, Roman 51
Janssen, Theo A.J.M. 20
Kamada, Osamu 41, 104, 112, 117, 158, 160
Kamio, Akio 11, 67, 170
Kitagawa, Chisato 127, 128, 161
Kuroda, S-Y 123, 124, 127, 128, 149
Leech, Geoffrey 91, 154
Lyons, John 65
Makino, Seiichi 105
Maynard, Senko 83
Ohso, Mieko 104
Quirk, Randolph 91
Short, Michael H. 154
Svartvik, Jan 91
Tannen, Deborah 18, 61
van der Wurff, Wim 20

あとがき

　英語には「時制の一致」(sequence of time, back-sliding)という"有名"な文法規則があり，高校入試などには必ずといっていいほど取り上げられるのではないだろうか。しかし，英語を介した現実生活においていかにそれが「守られていない」かを知ると，一体，文法とは何なのかと問わずにはいられなくなるものである。筆者は大学を出て，しばらく高校の英語の教師をし，その後念願の米国留学を行った。もうふた昔以上も前のことであるが，ピッツバーグ大学大学院で社会言語学を受講したとき，そのレポートのテーマに次のような「時制の不一致」を取り上げたのである。

> In New York Egyptian Ambassador Golbol, speaking to the American Jewish Congress, said building more settlements will not give Israel peace. Rather, he said peace will come from co-living in harmony between the Jews and the Arabs. 　　　　　　　(CBS TV News, Dec. 1978)
> 　(ニューヨークにおいてエジプト大使ゴルボル氏は，米国ユダヤ協会に対する話の中で，さらにセツルメントを設けてもイスラエルに平和は訪れないと述べました。むしろ，ユダヤ人とアラブ人が調和ある共存生活を行うことで平和はやってくると述べました。)

　上のデータは CBS のテレビニュースから取り上げたもので，ネイティブスピーカーならほぼ間違いなくそれが「書き言葉」を読み上げたものであることが判断できる。しかし，それにもかかわらず，「時制」は「一致」していない。「規則」からいえば，主文の述語が過去形 "said" であるため "(more settlements) will .../(peace) will ..." は「間違い」で "(more settlements) would .../(peace) would ..." となっていなければならないが，実際はそうではないのである。ただ，さらに詳しく調べてみるとこのような「不一致」は日常会話やラジオ・テレビのニュースなどでは頻繁に行われるが，新聞，書物などではむしろその規則が順守されていることが判明した。つまり，ラジオやテレビなど "here and now（今この場で）" という発話の場を直接反映するメディアにおいては主文の述語(引用動詞)の時制も，従属節(引用句)の述語も発話の場を軸として決定されるが，一方，発話の場と一歩距離を置く新聞等のメディアにおいては従属節の述語の時制は主節のそれに「引きずられる」(back-sliding)というわけである。言い換えれば，「時制の一致」は発話の場面，媒体にコントロールされるルールであるということが分かったのである。どうやら，これが筆者の引用研究の発端である。言語はコンテクストから切り離しては考えられないということを思い知ったのである。そして，日本語の場合はどうかと考え始めた。

　日本語にはもちろん「時制の一致」というような規則は存在しない。しかし，80年代初期に米国北東部にあるバーモント州のミドルベリー・カレッジという大学で夏期集中日本語講座を担当しているとき，学生の一人(Scott という学生であった)が次のような質問をするのであった。「先生，どうして，日本語では「太郎はフグを食べたがっていると言った」と言わないのですか」といったものや，また，その学校は日本語しか使用してはいけない全寮制の学校で，毎朝いろいろな行事の案内が日本語でなされるのだが，それについて「先生，どうして，日本語では「牧野先生が今日の午後講演をなさるそうです」など，分かり切っていることにでも「～そうです」などと言うのですか」といったものである。

　このようなアメリカ人学生の質問から「準間接引用」が，そして，筆者自身の英語習得上の気づきから「引用句創造説」「直接引用表現」が，考えられるきっかけになったのだが，92年に日本に帰国してからというもの，引用表現の豊かさには日々目を見張るものがあり，データ集めに困るということは

全くなくなった。日本語はフラットな言語で，劇的な表現である「直接話法」というものは存在しないのではないかという声を聞いたりもするが，そのようなことは絶対になく，我々は無意識のうちに引用表現の区別を行い，その伝達の場にもっともふさわしい表現を創っているのである。それと同時に日本国内における国語学畑の若手研究者の研究成果にも容易に触れられるようになり，かつてそれほど気に留めなかった構文論上の細かい問題についても無視できないものがあることを知るようになった。

　それや，これやで，本書の完成は予定していた期間を大幅に越えてしまった。一時は，ひつじ書房から「原稿のほういかがですか。もう，首が伸び切ってしまいました。」という厳しい酷暑見舞いをいただくこともあった。雑用から離れずして研究の完成などあり得ないと，98年夏の2ヶ月はオーストラリアはキャンベラにあるオーストラリア国立大学のジャパンセンターで執筆作業に打ち込んだ。その2ヶ月はオーストラリアは真冬でその間キャンベラを一歩も出ることなく缶詰め状態で研究室に閉じこもることができた。しかし，それにもかかわらず出版がこんなにも延びたのは，ひとえに筆者自身の能力の無さと反省を重ねる次第である。

　ただ，このように出版が延びたことの効用は，引用研究を始めた当初から何となく感じていた「引用句創造説」に対して，ますます確信が持てるようになったことである。引用は引用にあらずという反語的な仮説であるが，本書で詳しく論じたように引用表現は，間接引用のみならず，直接引用であっても，伝達(引用)の場を優先した伝達者の表現意図において創造されるという，この説は，筆者の知るかぎり，国語学畑の研究者からは勿論，日本語学畑においてもこのようにはっきりと指摘されたことはこれまでなかったと思う。今後，このような考えが，談話分析や会話分析などの関連分野はいうに及ばず，文体表現論や文学論，ひいてはコミュニケーション論にも少なからず刺激を与えることになればそれに勝る喜びはない。

　なかなか終わらない執筆作業をやっとこのような形にまで仕上げることが

できたのは様々な方面からの支援であった。まず，アメリカより連れて帰った愛犬ジェフリーは筆者が帰宅すればいつもかばんの中から弁当箱を出し，それを台所へ持っていったり、ハンカチを洗濯場へ持っていったり、疲れて寝そべる筆者の顔を，「どうしたの？がんばって」と(言って)舌でなめ回してくれたのである。本書は，書斎でパソコンに向かう筆者のすぐそばで夜遅くまで付きあってくれた人間で言えば88歳の米寿を迎えたジェフリー(13歳)と彼を取り巻く家族に捧げたい。

もちろん、ジェフリーとその仲間以上にお世話になった方々は数えきれない。プリンストン大学教授牧野成一先生には80年代初期に始めた筆者の引用研究のそもそもの発端から、それから，約20年を経た本書の初稿にいたるまで、すべてに目を通してくださり、身に余る多くの指導を仰ぐことができた。ラトガーズ大学教授の泉子・メイナード先生も筆者の引用研究にはずいぶん前から理解を示してくださり、本書の完成にあたっても大変有益なコメントを頂戴した。岡山大学文学部講師の山内博之先生とは本書の細部にわたり議論、検討することができた。山内氏は経済学者としての道を振り切って日本語教育に入ってきた変わり種で、日本語研究に対する深い知識のみならず、鋭い言語感覚を持った若手研究者である。公私に及ぶ交際の中で極めて刺激的な指摘をしてもらえた。

本書で扱ったテーマの多くは京都外国語大学，大阪外国語大学，名古屋大学，横浜国立大学，名古屋YWCAなどでの講演や集中講義で学生諸君や受講者の皆さんと議論してきた。とりわけ、『日曜談話喫茶室』からのデーターは横浜国立大学の大学院生の諸君とそのテープ起こしにかかり、その後すぐに分析を行ったものである。この場を借りてお礼を申し上げたい。オーストラリア国立大学ジャパンセンターにおける研究生活を可能にしてくださった池田俊一先生、そしてProfessor R. Tylerにも一方ならぬお世話になった。心からお礼を申し上げたい。筆者にこの機会を与えてくださった大阪外国語大学教授仁田義雄先生、最後まで首長く、辛抱強く原稿の完成を待ってくださっ

たひつじ書房房主松本功氏，そして，何度も変更，追加，削除の繰り返しの編集作業を根気よく続けてくださった賀内麻由子さん，それらの皆様に心からお礼を申し上げる。

最後に，他界されて丁度10年になる故寺村秀夫先生が，生前筆者を日本語研究へと導いてくださらなかったら，このような研究はおそらく存在しなかったであろうことも付記したい。寺村先生の目指された研究レベルにはとても達することはできなかったが，ここで披露した未熟な成果が僅かなりとも引用研究の発展に寄与することができればそれに勝る幸せはない。と同時に，多々ある不適切な点については大方の読者諸賢のご叱正を期待する次第である。

　　2000年元旦　京都西山，長岡京の自宅にて50の齢に

　　　　　　　　　　　　　　　　　　　　　　　鎌田　修

[著者] **鎌田 修** かまだ おさむ

(略歴)

1949年(兵庫県)生まれ。大阪外国語大学卒業後(1974年)、高校英語教諭となる。1977年米国留学と同時に日本語教育を始める。ピッツバーグ大学より言語学修士、マサチューセッツ大学より教育学博士を取得。アムハースト・カレッジ(1982～86年)、アイオワ大学(1986～92年)にて講師、助教授(日本語、日本語教育学)として教鞭をとる。1992年秋より京都外国語大学日本語学科教授を務め、2003年4月より南山大学人文学部日本文化学科、及び、大学院人間文化研究科言語科学専攻教授、現在に至る。その間、ACTFL (米国外国語教育協会)認定のOPI口頭能力試験官のトレーナー、第二言語習得研究会会長、日本語プロフィシェンシー研究会会長を歴任。

(主要著書・論文)
『助詞』(共著、1988年、荒竹出版)
On Japanese and How to Teach it; In Honor of Seiichi Makino(共編著、1990年、The Japan Times)
『日本語教授法ワークショップ』(共編著、1996年、凡人社)
『生きた素材で学ぶ中級から上級への日本語』(共著、1998年、ジャパンタイムズ)
『言語教育の新展開―牧野成一教授古稀記念論文集』(共編著、2005年、ひつじ書房)
『プロフィシェンシーを育てる―真の日本語能力をめざして』(共編著、2008年、凡人社)
『プロフィシェンシーと日本語教育』(共編著、2009年、ひつじ書房)
「日本語の間接話法」『言語』12-9 (1983年、大修館書店)
「日本語の伝達表現」『日本語学』7-9 (1988年、明治書院)
「日本語教育における中間文法」『言語』22-5～23-4 (1993-94年、大修館書店)
「語学教育における中間言語」『言語』24-2 (1995年、大修館書店)
「接触場面の教材化」『接触場面と日本語教育―ネウストプニーのインパクト』(共編著、2003年、明治書院)
「KYコーパスと日本語教育」『日本語教育』130号(2006年、日本語教育学会)
「直接引用句の創造」『言語』36-2 (2007年、大修館書店)

日 本 語 研 究 叢 書

【第2期第2巻】 日本語の引用

発行	2000年1月31日　初版1刷 2010年4月28日　初版2刷
定価	**3200円＋税**
著者	©鎌田 修
発行者	松本 功
装丁者	石原 亮
印刷所	三美印刷株式会社
製本所	三美印刷株式会社
発行所	株式会社ひつじ書房

〒112-0011　東京都文京区千石2-1-2　大和ビル2F
Tel.03-5319-4916／Fax 03-5319-4917
郵便振替 00120-8-142852

toiawase@hituzi.co.jp　　http://www.hituzi.co.jp/

造本には充分注意しておりますが、落丁・乱丁などがございましたら、
小社かお買上げ書店にておとりかえいたします。
ご意見、ご感想など、小社までお寄せ下されば幸いです。

❖

ISBN4-89476-118-1　C3081
ISBN978-4-89476-118-6　C3081
Printed in Japan

刊行にあたって

　もはや，日本語研究は，"いわゆる国語学者"だけの専有領域ではなくなってきている。言語学や各個別言語を専門とする者の中にも，日本語の研究を行ったり，日本語との対照研究を行ったりする者が増えてきている。さらに言えば，たとえば，言語情報処理のような言語研究プロパーでない人達からの言語に対する発言・研究も増えつつある。したがって，日本語についての研究と言えども，伝統的な国語学の成果を踏まえながらも，もはや，それら諸領域での研究成果を無視するわけにはいかないものになってきている。

　こういう時期に，比較的若手を中心として，日本語を核としたさほど大部ではないモノグラム的な研究叢書を編むことにしたのは，理論に傾いた研究と実証に重きを置く研究に梯子を掛け，日本語を中心として研究を進めている研究者と，何らかの点で日本語にも関心を持つ研究者との間に橋を渡すことのできる少しでも新しい研究成果・研究方法を呈示できればとの思いからである。

　この叢書が，日本語研究，広くは言語研究に，ささやかながらも一石を投ずることができれば，編者ならびに執筆者にとってこれに過ぎたる喜びはない。

編者　仁田義雄・村木新次郎

　近年，日本語研究は，新しい展開を示しております。これまでの国語学の研究の範囲を超え，海外の言語研究の流れに相互的に影響を及ぼし，また，日本語情報処理，認知言語学からの影響，また，日本語教育などからの様々な要請などにより，特に現代語の研究の場で，活発に議論が巻き起こり，相互に影響を与え，大きな成果があがりつつあります。もちろん，従来の国語学の蓄積を軽んずるものではなく，明治期に国語学と博言学(言語学)にわかれた日本語の研究がここにきて，新たな統合の時期を迎えようとしているということでもあると思います。さらに，英語，フランス語，中国語などの外国語との対照研究も広く行われつつあり，日本語を色々なレベルで客観的に研究する土壌が育ってきている状況にあると思われます。日本語も新しい時代に達したのだと思います。小社では，そうした新しい局面を重視し，これからの日本語研究のために『日本語研究叢書』と題して，刊行して行くことにいたしました。まず，第1期を刊行し，続けて第2期，第3期と刊行して行きたいと存じます。

　現在，日本語研究の世界で，優れた業績を上げ，また上げつつある中堅・若手の気鋭の研究者によって執筆される本叢書が日本語研究のいっそうの発展に寄与することを信じ，また，祈っております。ぜひとも皆様がたのご支援とご鞭撻をお願い申し上げます。

ひつじ書房